市川正人

Masato Ichikawa

# 表現の自由

## 「政治的中立性」を問う

Eurus

Notus

Boreas

Zephyrus

岩波新書

202

# まえがき――「政治的中立性」を問う

本書は、「政治的中立性」を理由に表現の自由を制限することの危険性、問題性を明らかにしようとするものである。表現の自由が、私たちの民主的な社会を成り立たしめる重要な人権であることは、広く認められている。自由な表現活動がなされ、多種多様な情報が提供され、自由で活発な意見交換、議論がなされることが民主的な社会が存続していくのに必要不可欠だからである。とすれば、国政や地方自治に直接関わるような「政治的な表現」は、特に自由でなければならないといえそうである。しかしながら、実際には、「国や地方公共団体の政治的中立性を維持する必要がある」などといった名目で、「政治的な」表現が制限されたり、「政治的な」表現に対して国や地方公共団体が便宜を図ることを拒否したりするケースがある。

たとえば、金沢市役所(市庁舎)の前には南北約六〇メートル、東西約五〇メートル程度の大きさの広場があり、集会にもしばしば使用されている。

市は、憲法施行七〇周年集会のための使用を、「特定の政策、主義又は意見に賛成し、又は反対する目的」でなされる示威行為にあたるとして不許可とした(第三章4)。市によれば、市は政治的中立性を保たなければならないので、市庁舎前広場を「特定の政策、主義又は意見に賛成し、又は反対する目的」でなされる示威行為のために使用させることができない、という。だが、地方公共団体が集会や表現活動の場として設置した市民会館や公園であれば、「集会が政治的だから」とか、「地方公共団体の政治的中立性を侵すことになるから」といって使用を不許可とすることは許されない(第一章5)。それにもかかわらず、外見上そうした施設と変わらず、また、そうした施設と同じように運営されている市庁舎前広場について、市の政治的中立性を守るという理由で集会のための使用を不許可とすることが認められるのであろうか。また、憲法施行七〇周年集会は、そのために会場を貸せば市が政治的に中立でなくなるほどに政治的な集会なのだろうか。

他にも、政治的中立性を維持する必要があるといった名目で「政治的な」表現に対して地方公共団体が便宜を図ることを拒否した例は多々ある。たとえば、さいたま市のある公民館は、俳句会からの推薦を受けて秀句を公民館だよりに掲載していたのに、「憲法九条を守れ」というデモを詠んだ俳句を公民館だよりへ掲載することを拒否した。その理由は、結局、「公民館の公平中立性に反する」ということであった(第三章3)。

また、群馬県高崎市には「群馬の森」という県立公園があり、そこでは、朝鮮人労働者の追悼碑の設置が認められていたが、県は、「政治的行事及び管理を行わないものとする」という許可条件に違反した運用がなされていたとして、設置許可の更新を拒否した(第三章5)。

さらに、政治的中立性を維持する必要があるとして「政治的な」表現が制限されている例として、国家公務員が人事院規則が定める広範な「政治的行為」を禁止されていることが挙げられる(第二章1)。最高裁によれば、これは、「行政の中立的運営の確保とこれに対する国民の信頼の維持」を目的とするものである。

加えて、放送法は放送について「政治的に公平であること」を求めている(第四章)。そして、しばしば政治家などから放送が政治的に公平でない、中立でないと批判がなされている。総務省によれば、政治的に公平でない放送をした場合、総務大臣は放送事業者(放送局のこと)に対して放送の停止を命ずることができるということである。

では、「政治的である」とか、「政治的に中立である」とはどのようなことを意味するのであろうか。しかし、「政治」という概念は、さまざまな意味、ニュアンスで用いられるかなり多義的な概念である。

たとえば、「政治」を対象とする学問である政治学では、「政治」についてさまざまな定義が主張されている。たとえば、古代ギリシャの哲学者であり政治学の父とされるアリストテレスによれば、政治は社会における共通善の実現をめぐる努力である。しかし、もっと権力をめぐる争いに焦点をあてた定義の方が、私たちの「政治」イメージにマッチするように思われる。

実際、政治を国家による権力的な支配や統治をめぐる争いと捉える立場がある。しかし、「政治」は、社内政治、学内政治などといった言葉もあるように、国家を超えた射程をもっている。そこで、（国家に限られない）権力の配分関係に影響を及ぼす努力であるとか、社会に対する権威的な価値配分であるとか、社会において集合的に拘束する正統な決定の作成であるとか、人間集団内の統一的秩序形成作用であるとかいった定義も提案されている。

こうした「政治」の定義のうちどれが適切かはここでの問題ではない。ここでは、「政治」という概念が——それゆえ、「政治的中立性」という概念が——きわめて多義的なものであることを確認しておけば十分である。「政治」の意味が多義的であるだけに、「政治的」であることを理由とする表現活動の制限は非常に広い範囲に及んでしまう可能性があるわけである。そこで、次に、実際の法令の規定や先の事例での地方公共団体の側の主張から、「政治的」、「政治的中立」がもう少し限定的に捉えられているかどうか確認してみよう。

まず、人事院規則は国家公務員に禁止される政治的行為を定める際、「政治的目的」にあたるものを八つ挙げているが、それは四つのグループに分けることができる。第一のグループは、公職の選挙や最高裁裁判官の国民審査において一定の方向で投票をするよう働きかけることである。第二のグループは、特定の政党等の支持や反対、特定の内閣の支持や反対といった党派的な目的である。第三のグループは、国における特定の政策の実現または阻止、第四のグループは、地方自治法が定めている直接請求への関与である。ここからは、主として、公職選挙に積極的に関わることや、特定の政党を支持するといった党派的な目的、国の政策の策定・実施への関わりが問題とされていることがわかる。

次に、金沢市の事例では、市庁舎前広場で「特定の政策、主義又は意見に賛成し、又は反対する目的」での集会を認めることが市の「政治的中立性」を侵すとされている。ここでは、「特定の政策、主義又は意見に賛成し、又は反対する」ことが政治的であると捉えられているといえる。しかし、特定の「政策、主義又は意見に賛成し、又は反対する」というのは、国や地方公共団体の決定や政策に賛成したり反対したりすることや、日本の国家体制のありようについて主張をすることにとどまらない。社会的な事柄についての意見に賛成したり反対したりすることも含まれてしまう可能性がある。たとえば、仮に宝塚歌劇団の金沢公演が企画されているとしよう。それに対して、「内部でのいじめやパワハラについてしっかりと調査し対策をとっていない宝塚歌劇団の金沢公演は中止すべきだ」という意見に賛成することも「政治的」であり、そうした集会のために市庁舎前広場を使用させることも市の政治的中立性を害する、といったことにもなりかねない。

群馬の森の事例では、裁判所は、追悼碑の前で行われた集会において「強制連行」という発言がなされたことを理由に、その集会が政治的行事にあたり、追悼碑が政治的に管理されたことになる、とした。「政治的行事」には、少なくとも、政府の見解に反して「強制連行」という用語を使用し、歴史認識に関する主義主張を訴えることを目的とする行事を含む、というのである。ここでは、政府見解に従った歴史認識の主張は政治的でないが、政府見解に反する歴史認識の主張は政治的だとされている。政府見解に批判的な表現活動に「政治的だ」というレッテルが貼られてしまい、表現活動に便宜を図らなくてもよいとされてしまってよいであろうか。

総務省の見解を反映しているとみられる図書では、放送法四条が放送事業者に要求している「政治的に公平」について、放送法が規律の原則としている放送の不偏不党の保障を具体化したものだとするのみで、「政治的に」公平の意味について説明していない。ただ、同書は、「排他的かつ独占的に電波を使用する放送事業者が一党一派に偏した放送を行ったり、議論のある問題について特定の主張を行うことは公平の観点からみて妥当でないことから、放送においては、不偏不党が保障されるべきものとされている」としている。このことからみて、党派的な見地から放送を行う場合だけでなく、議論のある問題について特定の立場から主張を行う場合も、「政治的」に中立でないと捉えられていることがうかがえる。

しかし、議論のある問題は、日本の国家体制のあり方や、国や地方公共団体の政策のあり方だけでなく、広く社会的な事象に及ぶ。これまで政治家などから放送が政治的に不公平だと批判されてきたのは、選挙や、アベノミクスなどの政府の政策についてのテレビ報道であったが、理論的には、放送事業者に対して広く社会的な問題について公平であることが求められる可能性もあるのである。もしそうなら、そして「公平」がさまざまな主張を形式的に平等に紹介することであるとすれば、放送事業者は議論のあるあらゆる問題について形式的平等性に配慮した中立的な報道をしなければならないばかりか、テレビドラマでの扱いについても同じような配慮をしなければならなくなるであろう。たとえば、同性カップルの美しく、せつない恋愛を描いたドラマの中で、同性同士の恋愛や共同生活を否定する意見を偏見としてではなく、一つの説得力のある主張として登場させなければならないのであろうか。これでは放送はまったく無味乾燥になってしまうであろう。

以上見てきたように「政治的」、「政治的中立性」は多義的な概念であり、実際の法令の規定や実際の事例での地方公共団体の側の主張でも、限定されておらず、非常に広い範囲の表現活動が「政治的である」、「それを認めることは地方公共団体の政治的中立性を害する」と判断されてしまうおそれがあるのである。

本書では、こうした広い意味をもつ「政治的中立性」を理由に表現活動を制限したり、それに便宜を図ることを拒否することは、表現の自由を保障する憲法や憲法の精神に反しないのか、について具体的な事例を挙げつつ検討していきたい。まず、第一章で、本書での検討に必要な限りで表現の自由の保障の意味を確認する。表現の自由は何を意味するのか、表現の自由はなぜ保障されるのか、どうして手厚い保障、特に裁判を通じての手厚い保障がなされるべきなのかが、第一章のテーマである。そこでは、表現の自由を基礎づける考え方からすれば、すべての表現が「政治的表現」にあたりうることが明らかになる。ここまで、「政治的な」表現が制限されることと、「政治的な」表現に対して国や地方公共団体が便宜を図ることを拒否することを同列に置いてきた。しかし、それが適切かも問題となろう。つまり、表現の自由の制限とは何なのか、という問題である。第二章では、公務員の政治的表現の自由の制限を取り上げる。そこでは、先に紹介した国家公務員に対する政治的行為の禁止だけでなく、地方公務員に対する政治的行為の禁止や裁判官の「積極的な政治運動」の禁止も取り上げる。第三章は、先述の金沢市、さいたま市、群馬県の事例を含む、政治性を理由に表現活動に「便宜」を図ることが拒否された諸事例を検討する。ここでは表現の自由の保障対象は何か、表現の自由の制限とは何かが問題となるとともに、表現行為の「政治性」や地方公共団体の「政治的中立性」確保を理由とした対応の恣意性が明らかになるであろう。第四章では、放送法による「政治的に公平であること」の要求を取り上げる。とりわけ第二次安倍内閣以降の動きを追う中で、放送事業者に政治的公平を法的義務として要求することの問題性が明らかになるであろう。そして、終章でまとめとして、「政治的中立性」の確保を理由として表現の自由を制限することが民主主義にとってどのような危険性を有するのかを論じる。

本書は、表現の自由の侵害とならないかという憲法に関する議論を扱っているので、憲法、法律に関する専門的な概念、理屈を踏まえて説明しているが、著者としては極力法律の知識がない一般読者でも理解できるように配慮して記述したつもりである。ただ、どうしても難しいと感じる部分は飛ばして読んでいただいても結構である。それでも本書の趣旨は理解していただけるものと思う。また、表現の自由についての一般論を述べている第一章がとっつきにくいようであれば、具体的な事例を挙げている第二章以下から読み始め、必要に応じて第一章に戻ってもらってもいいであろう。

（1）放送法制研究会編著（金澤薫監修）『放送法逐条解説　新版』（情報通信振興会、二〇二〇年）。
（2）同書一八頁。

# 目　次

# 第一章

# 表現の自由はなぜ重要か

## 1　表現の自由とは何か

憲法二一条一項は、「集会、結社及び言論、出版その他一切の表現の自由は、これを保障する」、と定めている。「言論、出版その他一切の表現の自由」、つまり、表現の自由は、何よりも、伝えたいことを伝え、伝えたくないことは伝えない自由である。伝えることが保障される対象は思想・信条・意見に限られず、事実も含まれる。事実と意見とを区別することが実際上難しいばかりか、事実を十分伝えられなければ思想や意見を十分に形成することができないからである。それゆえ、表現の自由には報道の自由も含まれる(1)。また、口頭による言論や出版によるものだけでなく、映画や放送、インターネットなどその手段・方法のいかんを問わず保障される。今ではインターネット上のホームページやSNSといったものが身近な表現方法となっているが、演説やビラ配り、ポスター掲示などといった伝統的な表現方法による表現活動も当然、表現の自由の保障を受けるし、なお重要性を失っていない。さらに、通常は表現行為でない行動(たとえば国旗の焼却)が、特定の意見(たとえばある国の軍事行動に対する抗議の意思)などを伝えるために行われる場合には、表現の自由の行使として憲法二一条一項の保護を受ける

（象徴的表現）。このように表現の自由は、まず第一に、思想・信条・意見・知識・事実・感情など個人の精神活動にかかわるいっさいのもの、つまり情報を提供する自由である。

しかし、情報伝達は、何らかの情報を既に得ていることが前提である。すなわち、人は、既に得ている情報に加工をほどこして情報を伝達するのである。それゆえ、情報提供活動を意味あるものにするためには、情報の受領が自由でなければならない（情報受領の自由）。さらに、本や雑誌、新聞、テレビ、インターネットから情報を受領するというだけでなく、より積極的に調査、インタビューを行うなどして情報を収集する活動も自由でなければならない（情報収集の自由）。現代では、市民は新聞やテレビといったマス・メディアが提供する情報に大きく依存しているが、マス・メディアは広い取材網をもち強力な取材活動を行っている。こうしたマス・メディアの取材の自由が情報収集の自由の主な内容をなす。さらに、国民は主権者として政府が保有している情報を知る権利を有しているという理解が有力になってきている。国民が主権者として国政に対して有効なコントロールをなしうるためには、政府が保有する国家活動に関する情報が国民に明らかにされる必要があるからである。そして、この政府情報開示請求権（知る権利）は、表現の自由の一内容であると解されている。国や地方公共団体が保有する情報の開示請求を認める情報公開法や情報公開条例は、こうした政府情報開示請求権を具体化したものだと理解されている。

このように、今日では一般的に、表現の自由は情報提供の自由、情報受領の自由、情報収集の自由、政府情報開示請求権からなると捉えられている。一言でいえば、表現の自由とは、情報の伝達に関する活動の自由なのである。

もっとも、最高裁は、情報受領の自由や情報収集の自由に憲法の保障が及ぶことは認めているが、それらを端的に表現の自由の一内容と捉えることには躊躇している。すなわち、最高裁は、新聞紙・図書等の閲読の自由や、意見・知識・情報を摂取する自由を——表現の自由そのものとはいわずに——「思想及び良心の自由の不可侵を定めた憲法一九条の規定や、表現の自由を保障した憲法二一条の規定の趣旨、目的から、いわばその派生原理として当然に導かれる」としている(2)。他方、取材の自由を、表現の自由の一環とはせず、「憲法二一条の精神に照らし、十分尊重に値いする」とするにとどめている(3)。

しかしながら、後述する表現の自由の価値・機能を十分に実現するためには、表現の自由を単に表現すること(情報提供活動)の自由だけでなく、情報の自由な流れに関わるすべての活動を保障するものと捉えることが適切であろう。ただ、本書では、もっぱら情報提供の自由の制限を問題としている。

さらに、憲法二一条一項は集会の自由、結社の自由も保障している。「集会」は、特定または不特定の多数人が共通の目的をもって一定の場所に一時的に集まることを意味し、それに対して、「結社」は、特定の多数人が共通の目的をもって継続的に結合することを意味する。憲法二一条一項が「集会、結社及び言論、出版その他一切の表現の自由」を一体として保障しているのは、集会、結社の活動が、集合・結合を通じて集団としての意思を形成し、それを外部に示すことを含むことから、集会・結社の自由が表現の自由と密接な関連があるためであろう。集会の自由、結社の自由は、広い意味での表現の自由の一部と解されるのである。本書では、表現の自由が制限されたり、それへの便宜供与が拒否されたりする場合とともに、集会の自由が制限されたり、それへの便宜供与が拒否されたりする場合をも検討の対象とする。

## 2　表現の自由の価値・機能

以上見てきたように、表現の自由は、社会における情報の自由な流れを維持促進しようというものである。では情報の伝達に関する活動を保障し社会における情報の自由な流れを維持促進することには、どのような意味があるのであろうか。

### エマーソンの多元説

表現の自由がどのような機能を有するかについては、アメリカの憲法学者であるトーマス・

I・エマーソンが表現の自由の四つの機能を唱えたことがよく知られており、日本での議論の出発点になっている。エマーソンは、自由な表現が認められるシステムの維持は、次の諸価値のために必要であると主張した。すなわち①個人の自己充足(self-fulfillment)を確保するために、②真理に到達する手段として、③政治的なものを含む社会の決定に社会の構成員の参加を保障する手段として、そして④社会における安定と変化の間の均衡を維持するために。そして、表現の自由はこうした多元的な諸価値によって支えられているとした(価値多元説)。

このうち、第四の、社会における安定と変化の間の均衡の維持とは、表現の自由が保障されることによって、より一層、順応性と安定性を兼ね備えた社会が実現できる、ということである。表現の自由が保障されることにより社会は変化する環境に順応していけるし、また、どのように変化していくべきかについての議論に市民が参加しているので、社会のより強力な結合力が促進されるのである。ただ、こうした表現の自由の機能は、表現の自由が他の機能を発揮することによって結果的にもたらされるものであると思われる。そこで、以下では、他の三つの機能についてやや詳しく見ることにしたい。

## 自己実現の価値

エマーソンによれば、人の本来の目的はその人格および人間としての可能性を実現することである。この自己実現(self-realization)の達成は精神の発達から始まるが、自覚的な思考の過程には、その本性からして限界はありえない。ここから、すべての人は、自らの人格を発達させる中で、自分の信念と意見をもつ権利を有していることになる。そして、自分の信念や意見をもっているだけでは意味がないので、それらを述べる権利を有しているのである。一七世紀のイギリスで清教徒革命の時代に出版への免許制に反対してミルトンが述べたように、表現の抑圧は「自由で知的な精神に対して負わすことのできる最も不愉快で侮辱的なもの」である。『失楽園』などで知られる偉大な詩人であるミルトンは、清教徒革命に参加し、政府のラテン語秘書官を務め共和制弁護の論陣を張ったが、一六四四年に、議会に対して出版免許制の廃止を求める『アレオパヂティカ』を公表した。この表現の自由の保障の必要性を唱えた古典である『アレオパヂティカ』の時点から、表現の自由が人格の実現にとって必要なものであることが主張されていたのである。

わが国の最高裁も、「現代民主主義社会においては、集会は、国民が様々な意見や情報等に接することにより自己の思想や人格を形成、発展させ、また、相互に意見や情報等を伝達、交流する場として必要であり、さらに、対外的に意見を表明するための有効な手段である」(4)と集会の自由について自己実現の価値を有することを認めている。

### 決定参加の価値

表現の自由が個人の自己実現に資するという点については広く認められている。しかし、個人の自己実現に役立つというだけならば、他の自由、たとえば職業選択の自由と変わらないのではなかろうか。表現の自由は、エマーソンが挙げる「社会の決定に社会の構成員の参加を保障する手段」としての価値(決定参加の価値)を有することに、その特徴があるといえよう。

エマーソンは、表現の自由のシステムの第三の主要な機能として、共同体の全構成員が開かれた議論の過程を通じて決定に参加できるようにするということを挙げている。自分たちの信念を形成し、それを他人に自由に伝えるという社会の全構成員の権利は、民主的に組織された社会の本質的な原理だとみなされなければならない。このことは、もちろん政治的な決定にとってとりわけあてはまるが、政治的な領域を超えて妥当する、という。この理屈は、基本的にすべての文化の形成に参加する権利、つまり、宗教、文学、芸術、科学そして人間の学習と知識についての全領域における表現の自由などにもあてはまるのである。

このようにエマーソンが社会の構成員の決定への参加という場合、政治的な決定だけを意味するわけではない点は注目される。しかし、エマーソンは、表現の自由が政治的活動の分野で特に重要であるとしている。政府は「その正当な権力を被治者の同意から得る」というアメリカ独立宣言の一節を引いた上で、被治者は、同意をする権利を行使するために、個人の判断形成においても、共同の判断形成においても、完全な表現の自由をもたなければならないのであるから、表現の自由は民主的な形態の政府が作動するのに不可欠であるというのである。

表現の自由が民主主義社会の維持発展にとって不可欠であるという価値（自己統治の価値）を有することも、広く認められている。最高裁も、「主権が国民に属する民主制国家は、その構成員である国民がおよそ一切の主義主張等を表明するとともにこれらの情報を相互に受領することができ、その中から自由な意思をもって自己が正当と信ずるものを採用することにより多数意見が形成され、かかる過程を通じて国政が決定されることをその存立の基礎としているのであるから、表現の自由、とりわけ、公共的事項に関する表現の自由は、特に重要な憲法上の権利として尊重されなければならないものであり、憲法二一条一項の規定は、その核心においてかかる趣旨を含むものと解される(5)」、としている。そこで、表現の自由の完全なる保障は「民主政治の基本原則の一つ」であり、「民主主義を全体主義から区別する最も重要な一特徴をなす(6)」とされている。

## 真理への到達

エマーソンによれば、表現の自由は知識を増大させ、真理を発見する最善の方法である。出発点は、最も健全で最も合理的な判断は、ある命題を支持しまたはそれに反対するために提示されうるすべての事実と主張を考慮することによって得ることができる、ということである。人間の判断は不確実で誤りやすいものなので、知識と真理を求める個人は、問題のすべての側面、特に違った見地から強く主張される諸側面に耳を傾けなければならないのであって、すべての代替案を考慮し、自分の判断を反対意見に晒《さら》すことによってテストし、虚偽から真実に移るために異なった意見を十分に活用しなければならない、という。この理論は、受け入れられている意見がいかに確実に真実のように見えても、議論が自由になされなければならないことを要求する、というだけではない。この過程は、新しい意見がいかに誤っており、あるいは有害に見えても、同じようにあてはまるとされる。というのも、受け入れられていない意見でも真実であるかもしれない、あるいは部分的に真実であるかもしれないし、また、かりに新しい意見が全く誤っているとしても、それについて議論をすることには、受け入れられている意見の再吟味を強いる効果があるからである。

こうした表現の自由の保障によって真理に到達することができる、という主張は、ミルトンの『アレオパヂティカ』(一六四四年)以来のものである。ミルトンは、そこで、「真理がその場にある限り、我々が検閲や禁止などによってその力を疑うのは不当である。真理と虚偽とを組打ちさせよ。自由な公開の勝負で真理が負けたためしを誰が知るか。真理によっての論駁こそ、最善の最も確実な禁遏《きんあつ》である」、と公開の議論を通じて真理に到達できるという確信を高らかに表明していた。

また、一九世紀イギリスの功利主義の哲学者として知られるジョン・スチュアート・ミルは『自由論』(一八五九年)において、思想および言論の自由が保障されるべき根拠を、真理に到達し、また、真理の認識をより強固なものにすることに求めており、先に紹介したエマーソンの記述にはミルの主張の影響が色濃くうかがわれる。さらに、アメリカにおいて表現の自由の裁判による保障に道を開いたオリバー・ウェンデル・ホームズ裁判官は、第一次世界大戦末期のある判決(7)における反対意見で、同じ考え方をとり、「真理の最上のテストは、市場の競争において自らを容認させる思想の力である」、と力説した。この「思想の自由市場(free market of ideas)」論は、その後の表現の自由に関する議論に大きな影響を与えた。

しかし、今では、この「思想の自由市場」論に対して、①現代では新聞やテレビといったマス・メディアが圧倒的な情報の送り手として君臨しており、「思想の自由市場」は存在しないのではないか、②「思想の自由市場」で自由な意見交換、議論がなされた結果、真理に到達するという保証はないのではないか、といった強い批判が向けられている。

もっとも、最近では、インターネットの発達で情報の送り手としてのマス・メディアの地位は大きく揺らいでいる。インターネットには誹謗中傷、ヘイトスピーチや露骨な性表現が蔓延しているといった問題もあるが、インターネット上の表現を規制しようとする場合には、市民を情報の送り手として復権させ、「思想の自由市場」を維持発展させていける可能性をつむことがないよう慎重な検討が必要である。

また、確かに「思想の自由市場」を通じて必ず真理に到達できるということを実証するのは難しいであろう。しかし、「思想の自由市場」論がいう「真理」は、絶対的な真理ではなく、議論を通じてさしあたりの一致がもたらされた相対的、暫定的な真理のことである。「思想の自由市場」論は、人の能力が不完全であり、誤りを犯しうるので、誰か、たとえば権力者が「真理」であると考えたものが真理ではない可能性があることを前提としたものである。皆が「真理」であるとみなすものであっても、真理ではない可能性があるので、常にそれに対する挑戦に開かれていなければならない。「真理」とされたものが批判され、別の「真理」が対抗して主張され、「真理」同士の対決を通じて次第に本当の真理へと近づいていく、というのである。エマーソンがこうした過程は連続的なものだとしているように、真理を目指す論争は不断の過程なのである。先に人間の能力の不完全性が前提と述べたが、他方、ここでは人間がコミュニケーション能力、議論しあう能力を有していること、そして、議論の結果、(誤っている可能性はあるとはいえ)さしあたり適切だと思える結論を考え出す能力を有していることもまた、前提となっている。ここには情報の送り手であるとともに受け手でもある市民の判断能力、理性に対する信頼があるのである。

それゆえ、「思想の自由市場」論の肝は、自由な表現活動によって「真理」に到達できるということ自体ではなく、「真理」については権力者にその判定が委ねられるべきではなく、市民の自由な議論に委ねられるべきことであろう。そうすると、「思想の自由市場」論は、自己実現に資するとか、決定への参加に資するといった表現の自由の諸機能・価値を支える基本的な考え方として位置づけられることになる。

## 3　表現の自由は「優越的地位」を有する

**表現の自由の「優越的地位」**

表現活動によって他人の名誉やプライバシーをみだりに侵害したり、みだりに法秩序を乱すことは許されないのであって、他人の名誉・プライバシーや法秩序を守るために表現活動に規制を加えることは認められうるであろう。しかし、表現の自由が自己実現と決定参加（自己統治）の機能ないし価値を有することを理由に、表現の自由は最大限に尊重されねばならず、表現の自由が制約されている場合、裁判所は、必要最小限度の制限にとどまっているのか、その合憲性を厳密に検討すべきであるとされている（表現の自由の「優越的地位」）。

ここで、なぜ憲法上の権利の中でも表現の自由に「優越的地位」が認められるのかについて、少し立ち入って考えてみよう。まず、表現の自由が自己実現の価値を有するというだけでは、職業選択の自由などの経済的自由と変わらない。一般的に、職業活動に比べて表現活動の方が自己実現に役立つということはできないであろう。どのようにして自己の人格を発展させていくかは各人に委ねられるべき事柄であって、自己の生き方の自律的な選択として経済活動に打ち込むことが表現活動よりも低い自己実現の価値しか有さないと、他人が決めつけるべきではない。そうするとやはり、表現の自由が決定参加の価値(自己統治の価値)をも有することが、表現の自由に「優越的地位」を認める決め手ということになる。そこで、多くの憲法学者は、表現の自由が自己統治の価値を有することに着目し、表現の自由が民主主義にとって不可欠な権利であるがゆえに、経済的自由よりも高い価値を有する人権であるので、制限された場合に厳格な違憲審査がなされるべきであると理解している。

しかし、そもそも人権は「人間であるがゆえに当然有する価値」であり、憲法は人間であるがゆえに当然もっているはずの権利を一体として保障したものであるから、そうした憲法が保障する人権に価値の序列があるのか疑問がある。むしろ表現の自由が「優越的地位」を有するとは、次に見るように、表現の自由が制限される場合こそ裁判所の出番である、という「裁判所の役割」のことをいっていると捉えるべきである。

日本国憲法の下で、裁判所は国家の行為が憲法に適合しているかどうか判断する違憲審査権を有しているが、国民によって選ばれているわけではない裁判官によって構成される裁判所という非民主的機関が、民主主義の所産である法律の合憲性を常に厳しく審査することがふさわしいのか、という問題（「司法審査と民主主義」という問題）がある。違憲審査制を明文（八一条）で認めている日本国憲法の下で、この問題がどれほど深刻な問題なのかについては議論があるが、ここではその点に踏み込む余裕はない。ただ、裁判所が非民主的な機関であり、通常は民主主義の結果を尊重した形で違憲審査権を行使すべきであるとしても、表現の自由が侵害され、民主主義の過程が機能不全を起こす場合には、裁判所が積極的に介入すべきであることは、認められよう。表現の自由が制限された場合には、裁判所は、まさに「民主主義の守り手」として、その合憲性を厳密に審査するのである。

## 「政治的表現」と「非政治的表現」

しかし、表現の自由の制限について厳密な合憲性の審査がなされるべき理由が、表現の自由が民主主義にとって不可欠な自由であるということであるとすれば、すべての情報、表現内容について同じように表現の自由の保障が及ぶのかが問題となろう。実際、アメリカでは、憲法の表現の自由の保障が及ぶのは、「公的な」事項についての表現に限られるとか、政治的言論に限られる、といった主張もなされている。日本ではそのような主張はあまり見られないが、しばしば「政治的表現」については他の表現(「非政治的表現」)よりも強い保障がなされるべきである、と主張されている。

だが、「政治的表現」とは何を意味するのであろうか。それは、統治の過程ないし民主主義の過程に関係する表現、つまり国や地方公共団体における公職選挙、法律や条例等の法令の制定、政策決定に関する情報や意見の提供という意味であろうか。しかし、問題は何が統治の過程や民主主義の過程に関係する表現かである。というのも、現代国家は国民の福祉の増進のために多種多様な課題を遂行しているので、その法令や行政はきわめて広範囲に及ぶからである。そして、これまで統治の過程や民主主義の過程におけるテーマでなかった新たな論点が提唱されることもある。また、経済の動向に関する情報が、経済政策を決定するにあたり不可欠な考慮事由であるように、法令や政策について判断するために必要な情報、論点もまた多岐にわたる。つまり、ほとんどの情報、議論が統治の過程ないし民主主義の過程に関係するといいうるのであって、その意味で、すべての表現は(少なくとも潜在的に)「政治的な表現」である。

このことは性表現や芸術表現についてもあてはまるであろう。たとえば、沖縄の美しい海を愛《め》でる歌は、歌い手によってその美しい海を破壊する辺野古埋立工事への批判という「政治的意図」で歌われるかもしれないし、聞き手がそうした「政治的意味」を感じるかもしれない。あるいは、少なくとも、その歌が、辺野古埋立工事の是非という「政治的な」論争にあたって考慮される一つの情報、少なくとも一つの視点を提供する、という客観的な意味をもつことは確かである。

さらに、裁判所などの国家機関が何が統治の過程ないし民主主義の過程に関係する「政治的表現」であるかを判定することは、「思想の自由市場」論に反する。統治の過程ないし民主主義の過程に関係する情報、議論であるかどうかは、あくまでも市民が判断すべきものなのである。

このように「政治的表現」と「非政治的表現」とを区別し、「政治的表現」だけが強く保障されるという考え方を支持することはできない。すべての表現は、みな同じように、民主主義にとっての必要性のゆえに、強い裁判的な保障を受けるべきである。

なお、すべての表現が（少なくとも潜在的に）「政治的な表現」であるということは、政治性を理由に制限されたり、「援助」を拒否されたりする可能性がどんな表現についてもあるということ、そして、そうした表現行為の制限、表現行為への「援助」拒否が恣意的になされる可能性があることを意味する。この点は、本書第二章以下で具体的な事例の検討の中で明らかになろう。

## 表現内容規制・内容中立的規制二分論

表現の自由が制限されている場合、裁判所はそれが憲法二一条一項に違反しないか厳密に検討すべきであるとされているが、憲法学では、表現の自由に対する制約を表現内容に基づく規制と表現内容に中立的な規制とに分けて、前者についてより厳格な違憲審査がなされるべきであるという考え方(表現内容規制・内容中立的規制二分論)が支配的である。

表現内容規制とは、表現内容を理由とした規制のことであり、犯罪の煽動の処罰、わいせつ表現の禁圧、名誉毀損表現の処罰などがその典型例である。表現内容規制・内容中立的規制二分論によれば、表現内容規制については、きわめて重要な目的を達成するために必要最小限度の制限でなければならないとか、重大な害悪を発生させる蓋然性が明白であり、かつ、害悪の発生が差し迫っている、つまり「明白かつ現在の危険(clear and present danger)」が存在しなければならないといった、非常に厳格な判断基準で合憲性を判断しなければならない。他方、表現行為の音量の規制のように、表現内容とは関係ない表現の態様(時・場所・方法)に着目した規制の場合には、きわめて重要な目的までは必要なく、重要な目的を達成するためであり、かつ、表現の自由を制限しない、あるいは表現の自由への制限の程度がより低い手段が存在しないのであれば、合憲であるなどとされる。

表現内容規制・内容中立的規制二分論は、その根拠を次のように説明している。すなわち、表現内容規制は、国家が表現内容が虚偽であるとか、危険であるとか、反道徳的であるとか、価値がないとかいったことを理由に表現行為を規制するものなので、それを安易に許せば国家によるほしいままの思想統制・情報操作へとつながる危険がある。また、表現内容規制がなされる場合には、規制されるメッセージは規制者や社会の多数者が共感しないものであることが多く、政治的歪曲と司法の黙認の危険性が高い、と。確かに、国家が伝えられる表現の内容について判定をし、「思想の自由市場」への登場を禁止したり、「思想の自由市場」への登場の仕方を制限することは、表現の自由の保障を基礎づける考え方と鋭く対立するであろう。

しかし、問題は、表現内容中立的規制については厳密な合憲性の検討は不要なのかということである。また、表現内容規制・内容中立的規制二分論に依拠することが、制限された場合に厳密な合憲性の検討がなされる表現活動の範囲を狭めてしまわないかも、問題となる。すなわち、二分論は表現の時・場所・方法ないし表現手段の意義を軽視しているのではないか。表現の時・場所・方法の意義ないし重要性は人によって異なるのであって、ある時・場所・方法での表現行為がある人たちにとってはきわめて重要な表現態様であることもあるし、また、ある表現の時・場所・方法が表現内容と結びついていることもある。

さらに、実は、何が表現内容規制なのかについては意見が分かれている。表現の見解（viewpoint）、つまり思想や意見を理由に表現行為を制限する場合には、二分論が説くような表現内容規制の危険性があり、表現内容規制にあたることは明らかであろう。しかし、たとえば、公職選挙法による選挙運動の制限のように、特定の表現の主題(subject matter)、つまりテーマ、話題を扱う表現行為の制限は、表現の見解を理由とする表現行為の制限ほどの危険性はないように思われるが、これも特に厳格な合憲性の審査がなされるべき表現内容の規制にあたるのか。性表現が伝わると子どもの健全な発達を阻害するとして、青少年保護育成条例で一定の性表現(「有害図書」)の子どもへの頒布・販売を禁止するように、表現内容を理由に表現の方法を制限する場合はどうであろうか。このように何が「表現内容規制」であるのか意見が分かれており、また、判断が難しい場合もあり、広い範囲の表現の自由の制限が表現内容中立的規制とされてしまうおそれがある。

私は、こうした二分論への批判には十分説得力があると考えている。そこで、表現の自由の制限については、内容中立的規制であっても厳格な合憲性の判断基準が妥当するとの立場をとっている。

**表現の自由に対する萎縮的効果**

表現の自由に対する国家権力による制限の合憲性を検討するにあたっては、表現の自由が規制に弱いデリケートな性格をもっていることに注意しなければならない。たとえば、ある市民が、ある法律案について憲法違反だと批判するビラを街頭で配布したとしよう。こうした場合、法律が成立すると自分が経済的な不利益を受けるから反対しているということもありうるが、多くの場合、そうではない。また、たった一人のビラ配布が契機となって反対運動の大きなうねりが起きる可能性は、あまりないであろう。すなわち、通常、表現活動は個人の利益とはならないし、また、ある個人の表現活動によって直ちに社会を大きく変化させる見込みもあまりない。それゆえ、法令（法律や条例等）が表現行為を禁止している場合に、何が禁止されている表現行為であるか法令から明らかにならなければ、自己の行おうとする表現行為が規制対象でないとの確信をもてない人が、規制を受けることをおそれて表現行為を自粛してしまう可能性が高いのである（規制の萎縮的効果［chilling effect］）。それゆえ、表現の自由を規制する法令は何が禁止される表現行為であるかを明確に示していなければならない。

最高裁も、税関検査事件判決（最高裁一九八四［昭和五九］年一二月一二日大法廷判決）において、表現行為規制法令は明確でなければならないとしている。ただし、この判決は、当時の関税定率法の規定が輸入できないとしていた「風俗を害すべき書籍、図画」等はわいせつな表現物を意味する、とかなり強引な限定解釈を行った。しかし、表現の自由を制約する法令についての合憲限定解釈は、そのように限定して解釈することが市民にとって自然で予測可能性があるような場合にのみなされるべきであろう。その後も、最高裁は、かなりあいまいな法文を明確であるとするだけでなく、強引な合憲限定解釈により法文の不明確性を救済している。

## 4　間接的な制約も表現の自由の侵害

### 国家からの自由としての表現の自由

表現の自由は、自由権（国家からの自由）であり、国家（地方公共団体を含む）によって表現活動を妨害されない権利である（ただし、表現の自由に政府情報開示請求権が含まれるとすれば、その部分については国家の積極的な行為を要求する権利である）。国家が表現活動を妨害することが表現の自由の制限であって、裁判所は、それが公共の福祉によるやむをえない制限にあたるのか厳密に検討しなければならない。ただ、問題は何が「表現活動の妨害」、「表現の自由の制限」にあたるかである。

### 直接的な抑圧でなくても表現の自由の侵害となる

表現の自由は、自由な情報の交換、自由な情報の流れを確保することによって、民主主義を成り立たせ、また人格の実現のための基盤となるものであって、自由な情報の流れに関わる行為の自由である。とするならば、表現活動に対する公権力の間接的な妨害、干渉によって自由な情報の流れが阻害されるのであれば、表現の自由保障の目的が損なわれることになる。それゆえ、そうした間接的な妨害、干渉も表現の自由の制限となるはずである。

そして、表現活動に対する間接的規制、間接的な妨害・干渉を受けない自由には、表現活動に対して事後的に不利益や不当な圧力を受けないという保障が含まれる。たとえば、国が国の施策を批判する表現活動を行った個人に対して報復的な措置として許認可を取り消すなどということが許されないことは、明らかであろう。表現活動自体は取り締まられないとしても、表現活動を理由に「江戸の敵を長崎でとられる」ということになれば、安心して表現活動を行うことはできないからである。先の例は許認可の取消しという法的な措置であったが、表現活動に対して事実上の不利益、事実上の事後的な圧力を加えることも同様である。そうした行為は、将来の表現活動に萎縮的効果を与えるものであり、許されない。こうして、表現の自由には、萎縮的効果を与える国家行為によって将来の表現活動を妨害されないという保障が含まれる、と解されるのである。

在留外国人に対して政治活動を理由として在留期間の更新を拒否したことが争われたマクリーン事件において、最高裁は、法務大臣が政治活動を理由に外国人に対する在留期間更新を拒否したことを適法とした(マクリーン事件判決・最高裁一九七八[昭和五三]年一〇月四日大法廷判決)が、多くの学説は、これでは、「在留期間更新を希望している外国人に対して、在留期間中に政治活動を控えさせる萎縮的効果を生むことになる」と批判している。ここからは、学説が、表現の自由には、将来の表現活動を、萎縮的効果を与える国家行為によって妨害されないという保障が含まれると解していることがうかがわれる。しかしまた、マクリーン事件最高裁判決も、外国人には入国の自由がなく、したがって在留の自由もないので、その人権も在留制度の枠内で保障されるにすぎないということから、在留期間更新の拒否を許容しているのであって、表現の自由につき、萎縮的効果を与える国家行為によって将来の表現活動を妨害されないという保障を一般的に否定したわけではない。むしろ、国民の表現の自由には、将来の表現活動を妨害されない保障が含まれることを前提に、外国人は別だとしたものと解される。

というのも、最高裁は、取材の自由の保障が、取材資料につき、みだりに裁判所への提出を強制され、あるいは、捜査機関に押収され、将来の取材活動が妨げられることのない保障を含むことを認めているからである。(8) 表現の自由そのものではなく、表現の自由を規定した「憲法二一条の精神に照らし、十分尊重に値いする」ものであるにとどまるとされる取材の自由について、このような保障が認められるのであれば、表現の自由についても、将来の表現活動が妨害されない保障を含むと解されるべきであろう。

この点で、岐阜県の関ケ原町が小学校統廃合反対署名簿に署名した人のいる世帯の一部につき戸別訪問を行って署名につき質問したことが争われた事例において、名古屋高裁が、戸別訪問が将来の署名活動と署名への萎縮的効果を与える点を問題とし、請願権を保障する憲法一六条とともに憲法二一条一項に違反するとしたことが注目される（関ケ原町署名簿事件控訴審判決・名古屋高裁二〇一二［平成二四］年四月二七日判決。関ケ原町の最高裁への上告は認められなかった）。この判決は、「表現の自由は、民主主義国家の政治的基盤をなし、国民の基本的人権のうちでもとりわけ重要であって、法律によってもみだりに制限することができないものであり、事前だけではなく事後的に不利益や不当な圧力を及ぼし、国民を萎縮させることも許されないというべきである」、と明言している。ここでは表現の自由が萎縮的な効果を受けやすいことが、間接的な制約からの自由が認められるべき理由として挙げられているのである。

## 5　表現活動への「援助」

### 表現活動への「援助」の拒否と表現の自由

表現の自由は国家によって表現活動を妨害されない権利であり、国家に対して表現活動を援助することを求める権利ではなく、国家は、表現の自由の行使を援助することを憲法上、義務づけられているわけではない。

しかし、今日、国（地方公共団体を含む）による市民・団体の表現活動への「援助」が広く行われている。たとえば、表現活動・集会のために用いられる市民会館などの施設を設置することは、市民の表現活動・集会の場を設定するという意味で、表現活動・集会への「援助」といえる。しかし、それだけではなく、国は、芸術祭典等への参加を認めたり、芸術作品、文化活動への補助金を支出するという形で、表現活動を支援してもいる。さらに、公立の図書館や美術館に図書、作品を収蔵することも、それらの執筆者、作者からすれば、図書、作品に市民がアクセスしやすくしてもらっているという点で、表現活動への「援助」とみることができる。こうして、市民の表現活動・集会は、大きく国による「援助」に依存するに至っている。しかし、最近、国が表現活動の政治性や表現活動参加者の不祥事等を理由にしてそうした「援助」を拒否したり、撤回したりする例がしばしば見られ、裁判も提起されている。

では、国がこうした表現活動・集会への「援助」を拒否しても、表現活動・集会自体はできるのであるから、(集会の自由を含む)表現の自由を侵害するものではなく、憲法上何も問題は生じないのであろうか。もしそうだとすれば、国の権力者、担当者のめがねにかなう内容の表現だけが国による優遇——財政的な優遇と国による権威づけという優遇——を受け、「思想の自由市場」において優位を占めるということになりかねない。また、市民の表現活動が国による「援助」に大きく依存している現在、「援助」の拒否は、「援助」を受けることができない表現活動に支障を生ぜしめるし、市民の側でそのことを危惧して萎縮し、国の不評を買うような表現活動を行わないよう忖度するおそれがある。

表現活動への国家の「援助」とその拒否は、このように表現活動、表現の自由の保障に大きな影響を与えるものであるので、表現の自由の見地からそのあり方に検討を加える必要がある。本書の第三章では、地方公共団体が表現活動や集会の「政治性」を理由に「援助」を認めなかった諸事例を取り上げて表現の自由の見地から考察を加える。ここでは、「援助」のように見えても文字通りの「援助」と捉えるべきでない場合があることや、表現活動に対してなされている「援助」を恣意的に拒否することが表現の自由の問題になりうることを確認しておきたい。

**公の施設(パブリック・フォーラム)**

まず、市民会館等の地方公共団体の施設の表現活動・集会のための利用が拒否される場合、それを表現活動・集会への「援助」の拒否と捉えるべきではない。地方公共団体の市民会館等は、表現活動や集会のために設置された「公の施設」(地方自治法二四四条一項)であって、正当な理由なしに住民による利用を拒否することはできない(同条二項)。最高裁も、泉佐野市民会館事件判決(最高裁一九九五[平成七]年三月七日第三小法廷判決)で、「管理者が正当な理由なくその[公の施設の]利用を拒否するときは、憲法の保障する集会の自由の不当な制限につながるおそれが生ずることになる」([　]内は引用者による補足。以下同)としており、婉曲な表現ながら、公の施設の不当な利用拒否が集会の自由を侵害し憲法二一条一項に違反することを認めている。

ここでの住民の憲法上の権利は、市民会館などを集会・表現活動のため利用させるよう請求する権利ではない。住民は、市民会館などの集会・表現活動のために設置され、運営されている施設、すなわち本来的な表現活動の場である公共施設で集会・表現活動を行う自由を有しており、そうした場からの排除は国家からの自由としての集会の自由、表現の自由の侵害と捉えられるのである。ここでは、道路・公園といった本来的なパブリック・フォーラム(public forum)だけでなく、政府が設定したパブリック・フォーラム(指定的パブリック・フォーラム)においても、そこでの表現活動が強く保障されるとするアメリカ判例のパブリック・フォーラム論と同様の考え方が採用されているといえよう。

最高裁は、こうしたパブリック・フォーラムというべき「公の施設」の管理者が利用を拒否できるのは、①当該施設の種類、規模、構造、設備等からして利用を不相当とする事由が認められる場合のほか、②利用の希望が競合する場合、③施設をその集会のために利用させることによって、他の基本的人権が侵害され、公共の福祉が損なわれる危険(集会に対する妨害によって市民の基本的人権が侵害される危険)がある場合に限られる、としている。

そして、③の場合にあたるとしてなされる「制限が必要かつ合理的なものとして肯認されるかどうかは、基本的には、基本的人権としての集会の自由の重要性と、当該集会が開かれることによって侵害されることのある他の基本的人権の内容や侵害の発生の危険性の程度等を較量して決せられるべき」として、比較衡量論をとる。そして、「このような較量をするに当たっては、集会の自由の制約は、基本的人権のうち精神的自由を制約するものであるから、経済的自由の制約における以上に厳格な基準の下にされなければならない」との立場から、人の生命、身体または財産に対する「明らかな差し迫った危険の発生が具体的に予見されることが必要である」、としている。これは、③を理由とする利用拒否は、施設を利用させることによって会館内外の市民の生命、身体、財産に対する明白かつ現在の危険が生ずる場合に限られるとするものであって、（集会の自由を含む）「表現の自由の優越的地位」を踏まえた集会の自由保護的な判断枠組みが提示されている。

こうした「公の施設」では、どんな主張をする集会を開催するためであっても、その主張内容を理由に利用を拒否できないのが原則である。市民会館等の「公の施設」は地方公共団体が設置し運営する施設であるが、それはさまざまな主張がなされうる場として設置・運営されているのであり、そのようなものとして公金が支出されているのである。

### 助成金交付の拒否

表現活動に対する補助金交付についても、恣意的に取消し、撤回をすることは表現の自由の侵害にあたると解する余地がある。このことが問題となったのが、独立行政法人日本芸術文化振興会が映画に対する助成金交付を内定した後に、出演者の一人（ピエール瀧さん）につき麻薬及び向精神薬取締法違反による有罪判決が確定したことを理由に「国の事業による助成金を交付することは、公益性の観点から、適当ではない」として助成金の不交付決定をしたことが争われた「宮本から君へ」事件である。

この事件において、最高裁は助成金の不交付決定を違法であるとした（最高裁二〇二三［令和五］年一一月一七日第二小法廷判決）。この判決の出発点は、「芸術的な観点からは助成の対象とすることが相当といえる活動につき、本件助成金を交付すると当該活動に係る表現行為の内容に照らして一般的な公益が害されることを理由とする交付の拒否が広く行われるとすれば、公益がそもそも抽象的な概念であって助成対象活動の選別の基準が不明確にならざるを得ないことから、助成を必要とする者による交付の申請や助成を得ようとする者の表現行為の内容に萎縮的な影響が及ぶ可能性がある」が、「このような事態は、本件助成金の趣旨ないし被上告人［日本芸術文化振興会］の目的を害するのみならず、芸術家等の自主性や創造性をも損なうものであり、憲法二一条一項による表現の自由の保障の趣旨に照らしても、看過し難いものということができる」ということである（傍点は引用者）。そこから「本件助成金の交付に係る判断において、これを交付するとその対象とする活動に係る表現行為の内容に照らして一般的な公益が害されるということを消極的な考慮事情として重視し得るのは、当該公益が重要なものであり、かつ、当該公益が害される具体的な危険がある場合に限られるものと解するのが相当である」、ということになる。

そして、最高裁は、本件映画の製作活動につき助成金を交付したからといって、日本芸術文化振興会が「国は薬物犯罪に寛容である」といった誤ったメッセージを発したと受け取られるなどということはにわかに想定しがたいし、これにより直ちに薬物に対する許容的な態度が一般に広まり薬物を使用する者等が増加するという根拠も見あたらないから、薬物乱用の防止という公益が害される具体的な危険があるとはいいがたいとした。さらに、日本芸術文化振興会は助成制度への国民の理解を損なうおそれをいうが、助成金のあり方に対する国民の理解の維持といった抽象的な公益が薬物乱用の防止と同様に重要なものであるということはできない、とした。このように最高裁は、助成金の交付によって重要な公益が害される具体的な危険はないとしたのであった。

この最高裁判決は、助成金の不交付決定が憲法二一条一項違反となるとまではいっていないが、「映画の内容が公益を損なう」という理由での不交付決定が表現活動に萎縮的な効果を与えるものであり、そうした事態が「憲法二一条一項による表現の自由の保障の趣旨に照らしても、看過し難い」ことを踏まえているのであって、表現の自由への萎縮的効果を十分考慮し表現の自由に配慮した判決である、と評価できよう。これを一歩進めれば、表現活動に対する助成金を恣意的な形で不交付とすることは、表現の自由を侵害し憲法二一条一項に違反する、ということになるであろう。

以上をまとめれば、国家が表現活動の場を設定したり、表現活動への援助の仕組みを設定した場合、国家が恣意的にその表現活動の場の利用を認めなかったり、表現活動への援助を拒否したりすることが、消極的自由、国家からの自由としての表現の自由の侵害となることがある、ということである。そして、表現活動への「援助」がどの程度、表現の自由の保障によって拘束されるかは、設定された表現活動の場所、表現活動への援助の仕組みの種類、性質に応じて異なってくるであろう。

## まとめ

表現の自由は、まず第一に、情報をその方法のいかんを問わず、伝達する自由であるが、自己実現と決定参加(自己統治)の機能ないし価値を有しており、民主主義を維持するのに不可欠な自由である。それゆえ、表現の自由が国家権力によって制限される場合、裁判所はその制限が憲法上許されるものか否か、厳密に審査しなければならない。この点は、「非政治的な表現」が制限される場合も、表現内容に中立的な規制がなされる場合も同様である。また、裁判所は、表現の自由の制限の合憲性を判断する際、表現の自由が萎縮的な効果を受けやすい自由であることを踏まえなければならない。そして、表現の自由には、萎縮的効果を与える国家行為によって将来の表現活動を妨害されないという保障が含まれる。

表現の自由は国家によって表現活動を妨害されない権利であり、国家に対して表現活動を援助することを求める権利ではなく、国家は、表現の自由の行使を援助することを憲法上、義務づけられているわけではない。しかし、表現活動の妨害なのか、表現活動への援助の拒否にすぎないのかは、なかなか微妙な問題である。「援助」の拒否のように見えても、それが表現の自由の侵害にあたることもあるのである。

(1) 博多駅テレビフィルム提出命令事件決定・最高裁一九六九[昭和四四]年一一月二六日大法廷決定。
(2) よど号乗っ取り記事抹消事件判決・最高裁一九八三[昭和五八]年六月二二日大法廷判決、法廷メモ事件判決・最高裁一九八九[平成一]年三月八日大法廷判決。
(3) 前掲注(1)博多駅テレビフィルム提出命令事件決定。
(4) 成田新法事件判決・最高裁一九九二[平成四]年七月一日大法廷判決。
(5) 北方ジャーナル事件判決・最高裁一九八六[昭和六一]年六月一一日大法廷判決。
(6) 東京都公安条例事件判決・最高裁一九六〇[昭和三五]年七月二〇日大法廷判決。

（7） Abrams v. United States, 250 U.S. 616(1919).

（8） 前掲注（1）博多駅テレビフィルム提出命令事件決定のほか、ＴＢＳビデオテープ押収事件決定・最高裁一九九〇［平成二］年七月九日第二小法廷決定等。

# 第二章

# 公務員と政治的行為

## 1　占領軍が生んだ国家公務員の政治的行為禁止

### 公務員に対する広範な政治的行為の禁止

公務員（一般職の公務員）は政治的に中立にその職務を行わなければならない。国会では、安全保障に関する法律案だけでなく、消費税率を引き上げる消費税法改正案や、「超高齢化社会に対応するため」として提出された社会保障法改正案などに見られるように、しばしば与野党の激しい対立、論争がなされた上で、法律が——時には与野党の協議の結果、原案に修正が加えられた上で——成立している。このように法律は政治的な議論を経て、政治的な判断の結果制定されるのであるから、政治的な性格、政治的な志向を有している。しかし、公務員は、その法律に反対する政治的な意見を有していても、そうした自己の意見を抑えて忠実に法律を執行しなければならない。それによって、議会制民主主義が貫徹されることになる。

このように、公務員は、当然、その職務を行うにあたり政治的に中立でなければならない。しかし、公務員は、勤務時間外の私生活においても政治的な表現活動を規制されている。特に、国家公務員はきわめて広範な「政治的行為」を禁止されている。国家公務員法は、一〇二条一項で、一般職の国家公務員に対して、「政党又は政治的目的のために、寄附金その他の利益を求め、若しくは受領し、又は何らの方法を以てするを問わず、これらの行為に関与」することのほか、「人事院規則で定める政治的行為」を禁止している。これに違反して「政治的行為」を行えば、懲戒処分の対象となる(八二条一項)だけでなく、三年以下の禁錮または一〇〇万円以下の罰金という刑罰が科されることになっている(一一一条の二第二号)[1]。

この国家公務員法の委任を受けて人事院が禁止される「政治的行為」を広範囲に定めている(人事院規則一四―七)。まず、人事院規則一四―七は、「政治的目的」を定義している(五項)が、それは、公職選挙における特定の候補者への支持または反対、最高裁裁判官の国民審査に際しての特定の裁判官への支持または反対、特定の政党等への支持または反対、特定の内閣への支持または反対だけでなく、政治の方向に影響を与える意図で特定の政策を主張しまたは反対することや、国の機関・公の機関が決定した政策の実施を妨害することも含む、かなり広範なものである。

そして、同規則は、国家公務員がしてはならない「政治的行為」として、次の一七の行為を挙げる。①政治的目的のために職名や職権を利用すること、②政治的目的をもつなんらかの行為をしたり、しなかったりすることに対する代償として、職員の地位に関してなんらかの利益を得たり、得ようと企てたりすること、③政治的目的をもって金品を求めたり、受領したりすることや、これらの行為に関与すること、④政治的目的をもって、そうした金品を国家公務員に与え、または支払うこと、⑤政党等の政治的団体の結成を企画し、結成に参与したりし、またはそれらの団体の役員等となること、⑥特定の政党等の政治的団体の構成員となるように、またはならないように勧誘運動をすること、⑦政党等の政治的団体の刊行物を発行し、編集し、配布し、またはこれらの行為を援助すること、⑧政治的目的をもって、公職選挙、最高裁裁判官国民審査の投票などにおいて、投票するようにまたはしないように勧誘運動をすること、⑨政治的目的のために署名運動に、それを企画、主宰、または指導するなど、積極的に参与すること、⑩政治的目的をもって、多数の人の行進その他の示威運動を企画、組織もしくは指導し、またはこれらの行為を援助すること、⑪集会その他多数の人に接しうる場所で、または拡声器、ラジオその他の手段を利用して、公に政治的目的を有する意見を述べること、⑫政治的目的を有する文書・図画を国の庁舎、施設等に掲示しまたは掲示させるなど、政治的目的のために国の庁舎、施設、資材または資金を利用しまたは利用させること、⑬政治的目的を有する文書、図画、音盤または形象を発行し、回覧に供し、掲示もしくは配布し、または多数の人に対して朗読しもしくは聴取させ、あるいはこれらの用に供するために著作しまたは編集すること、⑭政治的目的を有する演劇を演出しもしくは主宰し、またはこれらの行為を援助すること、⑮政治的目的をもって、政治上の主義主張または政党等の政治的団体の表示に用いられる旗、腕章、記章、えり章、服飾等を製作しまたは配布すること、⑯政治的目的をもって、勤務時間中において、これらを着用しまたは表示することといった「政治的行為」を挙げるだけでなく、⑰なんらの名義または形式をもってするを問わず、これらの禁止または制限を免れる行為をすることまで、禁止対象に含めている(六項)。

この人事院規則の定めを額面通りに受け取れば、国家公務員は、その私生活において政治的な表現行為はほとんどできないことになってしまう。たとえば、国家公務員が、休日に、国家公務員であることを明らかにすることなく、自己の職務領域とは無関係な法律の改廃が必要であるとする文書を戸別配布することも「政治的行為」に該当し、刑罰を科されうることになってしまう。たとえば、ジャニー喜多川氏による性加害問題に衝撃を受けた国土交通省職員が、児童虐待防止法を改正して、保護者だけでなく経済的・社会的に強い立場にある大人による児童への性的な行為も「児童虐待」に含めるべきだという文書を戸別配布した場合も、国家公務員法違反で処罰されかねない。

大日本帝国憲法下の官吏は、天皇に対し無定量の忠誠を尽くすべき「天皇の官吏」であり、その公的活動と私生活とは十分に分離されていなかった。しかし、国民主権原理に立つ日本国憲法は公務員が全体の奉仕者であると定め(一五条二項)、公務員が国民に奉仕する「国民の公務員」であることを明らかにしている。「国民の公務員」は、法令に従って職務を遂行することによって公共の利益に奉仕する存在であり、市民、労働者としての地位も尊重されねばならない（近代的・民主的公務員像）。それゆえ、公務員は、できる限りその市民的自由、とりわけ表現の自由が認められなければならないのであって、国家公務員法・人事院規則による広範な「政治的行為」の禁止は、憲法二一条一項に違反しているといわざるをえない。にもかかわらず、なぜこれほど広範に国家公務員の表現活動が規制されているのであろうか。それは、国家公務員法が制定された際の国際情勢抜きには理解できない。

## 国家公務員法の制定と改正

国家公務員法と人事院規則一四―七は、占領下、ＧＨＱ（連合国軍最高司令官総司令部）の強力な指導の下で制定された。

国家公務員法一〇二条一項や人事院規則一四―七は、連邦政府職員の政治的な活動を広く制限するアメリカ合衆国のいわゆるハッチ法や、同法に基づく連邦人事委員会規則を参考としたものである（ただし、ハッチ法違反には刑罰は科されることになっていなかった）。アメリカでは、伝統的に、大統領が支持者、自己の選挙運動に貢献した者を連邦政府の職員に任用する猟官制度（spoils system）がとられてきたが、一九世紀後半にはそうした縁故的、政治的な公務員任用の仕組みの弊害が、一八八一年のガーフィールド大統領暗殺事件もあり、広く認識されるようになった。そこで、連邦政府職員について、資格または試験による成績に基づいて公務員任用を行う資格任用制(merit system)の導入へ向けての動きが進むとともに、連邦政府職員の政治的行為が禁止されるようになり、一九三九年に政治的行為禁止の適用範囲をすべての一般の連邦公務員に拡大したハッチ法が制定されたのであった。

このようにアメリカにおけるハッチ法の制定の背景には、猟官制の弊害の除去の動きがあったのである。しかし、日本の場合、戦前、国の官吏は、試験によって任用されるという制度が確立していた。大正デモクラシー期に確立した政党内閣は、一部の上級官吏の政治任用を追求したが、公務員は試験で任用されるという枠組みは変わらなかった。この点は、敗戦直後の時点でも同様であった。にもかかわらず、なぜ日本においてハッチ法をモデルとして国家公務員の政治的行為禁止が導入されたのであろうか。

国家公務員法は、一九四七年に制定された。これは、ブレイン・フーバーを団長とする対日米国人事行政顧問団による勧告草案に基づき制定されたものであるが、戦前の天皇の官吏から、日本国憲法の下での民主的な公務員制度への転換を図るものであり、独立した人事行政機関として人事院を置いていた。戦後直後には、GHQは、日本国憲法制定をはじめとする日本民主化のための諸施策の実現に向けて尽力したのであり、国家公務員法の制定もそうした占領軍当局の政策の一環を占めていた。

この国家公務員法は、国家公務員は「政党又は政治的目的のために、寄附金その他の利益を求め、若しくは受領し、又は何らの方法を以てするを問わず、これらの行為に関与してはならない」とするほか、公選の候補者になること、政党その他の政治的団体の役員となることを制限しているだけで、広範に政治的行為を禁止するものではなかった。また、政治的行為を行った国家公務員に対する刑罰規定も置かれていなかった。顧問団の勧告草案は、違反に対する刑罰規定が設けられるべきとしていたが、社会党と民主党・国民協同党との連立内閣である片山哲内閣は、占領軍当局内の民主化推進勢力の支持も取り付けて、「政治的行為」禁止違反に対する刑罰規定なしの国家公務員法を実現したのであった。

しかし、国家公務員法施行(一九四八年七月)直後に、国家公務員法の改正を求めるマッカーサー書簡が出されたのを受けて、国家公務員のストライキ等の争議行為を禁止し処罰する政令二〇一号が出された。占領下では、連合国軍最高司令官の要求に応えるために、法律に代えて政令を定めることができた(ポツダム政令)が、これは日本国憲法に違反するので、占領が解除され日本が独立を回復すれば、失効することになる。そこで、日本政府は、政令二〇一号の内容を取り込む形で、国家公務員法の全面改正を余儀なくされることになった。

そして、GHQ民政局公務員課長に就任していたフーバー主導の下で、国家公務員に対して人事院が定める「政治的行為」を禁止し、違反に刑罰を科すように国家公務員法が改正され

(一九四八年一二月)、禁止される「政治的行為」をきわめて広く指定する人事院規則一四—七が制定された(一九四九年九月)のであった。日本側の改正法案立案者、特に人事院の幹部は、広範な「政治的行為」の禁止違反に刑罰を科すという仕組みとすることに難色を示したが、結局、フーバーに押し切られたようである。この国家公務員法改正が、占領軍当局の圧力によるものであり、日本側の担当者も十分納得しておらず、法案の内容を説得力をもって自ら説明することができなかったため、国会の審議ではしばしば「速記中止」(「これは占領軍当局の意向である」と説明しているのであろう)となっている。

国家公務員の労働基本権の制限と広範な「政治的行為」の禁止を内容とする国家公務員法改正が行われた背景には、東西冷戦が進む中で、占領軍当局の政策が転換したことがある(「逆コース」)。占領軍当局は、当初、日本国憲法制定をはじめとする日本民主化のための諸施策の実現に向けて尽力したが、東西冷戦が進む中で、民主化政策の「行き過ぎ」を是正する動きに出た。当時の労働運動の中心は公務員の労働組合(職員組合)であったから、国家公務員の職員組合の活動を制限しようとしたのであろう。これは、占領軍当局の指示によるレッドパージや団体等規正令の制定などと同じ「逆コース」の一環であったのである。こうした占領政策の方向転換は、作家の松本清張や評論家の鶴見俊輔が指摘しているように、占領軍当局の中で、日本の民主化を進めてきた民政局(GS)から反共・タカ派路線の参謀第二部(G2)への実権の移行によってもたらされたようである。

## 2 休日の選挙ポスター配布の禁止

### 猿払事件

以上見てきたように国家公務員法・人事院規則による広範な「政治的行為」禁止は占領軍当局主導でもたらされたものである。その後、政府が設置した公務員制度調査会（一九五四年）や第一次臨時行政調査会（一九六二年）は、広範な「政治的行為」の禁止や違反への刑罰を見直すことを提言したが、そうした方向での改革はなされなかった。それは、自民党内閣にとって、東西冷戦を背景とした、自民党vs.社会党という五五年体制の下では、社会党の支持母体である公務員組合の活動を抑える役割を果たす国家公務員法・人事院規則を改正する必要性が感じられなかったからではないかと思われる。

当初、国家公務員法の「政治的行為」禁止に違反したとして摘発、起訴された事例のほとんどは、国家公務員による社会党や共産党の候補を支持する選挙運動であった。摘発され起訴された事例としては、後で詳しく取り上げる猿払事件のほか、次のようなものがある。

郵便局員が勤務地から遠く離れた山村において開催された参議院議員選挙候補者の個人演説

会で司会を行い、当該候補者に投票されたい旨の演説をした（徳島郵便局事件。一九六五年）、簡易保険局の職員が、参議院議員通常選挙において日本共産党の候補者の個人演説会において一書道家としての立場から応援演説をした（高松簡易保険局事件。一九六五年）、総理府統計局の職員が都議会議員選挙にあたり中央執行委員会が社共両党を支持すると決定したことと両党の候補者名を伝える組合ニュースを登庁してきた職員に配布した（総理府統計局事件。一九六五年）、営林局の職員が勤務時間外の夜間に共産党の機関紙赤旗の号外を配布し、有給休暇をとった日に共産党の衆議院議員選挙候補者のポスターを公営掲示場に掲示した（青森営林局事件。一九六七年）、郵便局員が有給休暇をとって市議会議員選挙の候補者の選挙ポスターを掲示した（豊橋郵便局事件。一九六七年）といった事例がある。なお、郵便局員が、日曜日に開催された中央メーデー集会の後に、「アメリカのベトナム侵略に加担する佐藤内閣打倒―首切り合理化絶対反対全逓本所支部」と記載された横断幕を掲げて行進したという事例では、さすがに起訴はされず、戒告の懲戒処分を受けた（全逓プラカード事件。一九六六年）。

以下では、この問題についての最高裁判決も下されている最も著名な事件である猿払事件を取り上げよう。これは、北海道北端にある猿払《さるふつ》村の郵便局員であるOさんが一九六七年の衆議院議員総選挙にあたり、勤務時間外に社会党の候補者の選挙用ポスターを公営掲示場に掲示したほか、他の者に掲示を依頼して配布、郵送したことが、政治的目的を有する文書等の掲示、配布などを禁止する人事院規則一四―七第六項一三号が掲げる「政治的行為」に該当するとして起訴された事例である。

Oさんは、猿払地区労働組合協議会事務局長を務めており、衆議院議員選挙に際して社会党を支持・支援するという同労働組合協議会の決定に従って、選挙用ポスターの掲示と掲示依頼を行ったのであったから、選挙運動を行っていることは確かである。そして、当時は、郵便事業は国の事業であり、郵便局員は郵政事務官という国家公務員であったから、国家公務員法の禁止する「政治的行為」を行っていることになる。しかし、Oさんは、外勤員が集金した郵便貯金等の現金とこれに関する書類等を検査し、現金を出納官吏に払い込むとともに窓口担当者に引継ぎをする内勤事務、電話交換事務等に従事する非管理職の職員であって、その職務内容は、郵便貯金取扱規程や通達等により規制されていて全く裁量の余地がないものであった。また、Oさんの右の行為はいずれも勤務時間外にその職務を利用することなく行われた。こうしたOさんの選挙用ポスターの掲示、掲示依頼によって何か弊害が生じていたのか、はなはだ疑わしい。国家公務員がこの程度の選挙運動をすることはかまわないのではないか。

そこで、第一審の旭川地裁は、「政治的行為」を行った者に刑罰を科すとする国家公務員法一一〇条一項一九号が表現の自由を保障する憲法二一条一項に違反しているとして、Oさんを無罪とする判決を下した(旭川地裁一九六八[昭和四三]年三月二五日判決)。

旭川地裁は、非管理者である現業公務員(国の事業体の職員)でその職務内容が機械的労務の提供に止まるものが勤務時間外に国の施設を利用することなく、かつ職務を利用し、もしくはその公正を害する意図なしで人事院規則一四―七第六項一三号の行為を行う場合、その弊害は著しく小さいものと考えられるので、それに対して刑事罰を加えることができる旨を法定することは、行為に対する制裁としては相当性を欠き、合理的にして必要最小限の域を超えているものといわなければならない、としたのであった。その上で、国家公務員法一一〇条一項一九号は同法一〇二条一項に規定する政治的行為の制限に違反した者という文字を使っており、解釈で意味を限定する余地は全く存しないので、Oさんの行為に適用される限度において、憲法二一条に違反するものであり、この規定をOさんに適用することができないとして、無罪の判決を下した。

**猿払事件最高裁判決**

この地裁の違憲判決が札幌高裁によって支持されたため、それに対して、検察官が上告をしたところ、最高裁は、国家公務員法一〇二条一項、人事院規則一四―七、同法一一〇条一項一九号は合憲であるとし、下級審判決を破棄して、Oさんに対して罰金五〇〇〇円の有罪判決を下した(最高裁一九七四[昭和四九]年一一月六日大法廷判決)。

猿払事件の最高裁判決は、まず、「憲法二一条の保障する表現の自由は、民主主義国家の政治的基盤をなし、国民の基本的人権のうちでもとりわけ重要なものであり、法律によってもみだりに制限することができないものである」、と表現の自由の重要性を指摘し、さらに、「およそ政治的行為は、行動としての面をもつほかに、政治的意見の表明としての面をも有するものであるから、その限りにおいて、憲法二一条による保障を受けるものであることも、明らかである」とする。他方、「行政の中立的運営が確保され、これに対する国民の信頼が維持されることは、憲法の要請にかなうものであり、公務員の政治的中立性が維持されることは、国民全体の重要な利益にほかならないというべきである」から、「公務員の政治的中立性を損うおそれのある公務員の政治的行為を禁止することは、それが合理的で必要やむをえない限度にとどまるものである限り、憲法の許容するところであるといわなければならない」、という。そして、国家公務員法一〇二条一項および人事院規則による公務員に対する政治的行為の禁止が合理的で必要やむをえない限度にとどまるものか否かを判断するにあたっては、①禁止の目的、②この目的と禁止される政治的行為との関連性、③政治的行為を禁止することにより得られる利益と失われる利益との均衡の三点から検討することが必要である、という一般的な判断枠組みを提示した。そして、右の①〜③についての検討を加えた上で、国家公務員法・人事院規則による「政治的行為」禁止が「合理的で必要やむをえない限度」にとどまっているとした。

## 「猿払三基準」の問題性

①〜③について検討して「政治的行為」禁止が「合理的で必要やむをえない限度」にとどまっているかどうか判断するというこの判決の判断枠組み（「猿払三基準」などと呼ばれた）は、一見すると、判決が認めるような表現の自由の重要性に配慮して、本当に必要な表現の自由の制約なのかを緻密に判断するもののように思える。しかし、この判決における①〜③の検討を見てみると、最高裁が国家公務員の表現の自由の制限を、その必要性について厳密な検討を加えることなく、たやすく認める立場であることがわかる。

まず第一に、①の禁止の目的については、行政の中立的運営の確保とこれに対する国民の信頼の維持という、観念的・抽象的な利益が正当な目的とされている。

確かに、判決がいうように、行政分野の公務は、議会制民主主義に基づく政治過程を経て決定された政策を忠実に遂行するものであって、政治的偏向を排して運営されなければならないのであるから、「個々の公務員が、政治的に、一党一派に偏することなく、厳に中立の立場を堅持して、その職務の遂行にあたることが必要となる」。それゆえ、行政組織の公務員による中立的な職務遂行という要請、すなわち、行政の中立的運営の確保という要請が導かれる。しかし、判決は、そこにとどまらず、行政の中立的運営に対する国民の信頼の確保を行政の中立的運営の確保とは別個の規制目的として掲げている。

しかし、本来、行政が中立的に運営されていれば、行政の中立的運営に対する国民の信頼は確保できるはずである。それにもかかわらず、最高裁は、行政の中立的運営に対する国民の信頼の確保を独立の目的として掲げている。つまり、最高裁は、公務員の政治的行為が実際には行政の中立的運営それ自体を阻害するものでなくても、国民によって、阻害するのではないかと疑われるのを防ぐことが、国家公務員の政治的表現の自由を制限する正当な目的となる、という立場なのである。このように行政の中立的運営に対する国民の信頼の確保を正当な規制目的とすることは、一部の国民が信頼感を欠くことがあってもいけないのだとして、国家公務員の政治的表現の自由を広範に規制することの正当化につながる。

第二に、②の禁止の目的と禁止される政治的行為との合理的関連性が簡単に認められており、公務員の政治的行為の制限が必要最小限度でなければならないという立場がとられていない。そのような立場であれば、公務員の職種・職務権限、勤務時間の内外、国の施設の利用の有無等によって公務員の政治的行為が行政の中立的運営やそれに対する国民の信頼を危うくする程度は異なるのであるから、裁判所は、右の諸事情を踏まえて真に必要不可欠な範囲で政治的行為を制限するものであるのかを厳密に検討すべきことになる。猿払事件の下級審判決や猿払事件最高裁判決における大隅健一郎裁判官ら四裁判官の反対意見は、こうした立場をとった。

しかし、猿払事件最高裁判決は、「もし公務員の政治的行為のすべてが自由に放任されるときは、おのずから公務員の政治的中立性が損われ、ためにその職務の遂行ひいてはその属する行政機関の公務の運営に党派的偏向を招くおそれがあり、行政の中立的運営に対する国民の信頼が損われることを免れない」ので、そうした「弊害の発生を防止するため、公務員の政治的中立性を損うおそれがあると認められる政治的行為を禁止することは、禁止目的との間に合理的な関連性があるものと認められるのであって、たとえその禁止が、公務員の職種・職務権限、勤務時間の内外、国の施設の利用の有無等を区別することなく、あるいは行政の中立的運営を直接、具体的に損う行為のみに限定されていないとしても、右の合理的な関連性が失われるものではない」、という立場をとった。

このように、最高裁は、政治活動を放任した場合という最悪の事態に備えて国家公務員の表現の自由を制限することが、目的達成にとって合理的に関連しているというのであるから、目的実現のために必要最小限度の手段でなければならないという立場をとっていないのである。

第三に、③の利益衡量にあたって、公務員の政治的行為の禁止は、意見表明そのものの制約をねらいとしてではなく、その行動のもたらす弊害の防止をねらいとして禁止するものであり、意見表明の自由は単に行動の禁止に伴う限度での間接的、付随的な制約を受けるにすぎないとして、禁止により失われる利益の少なさを強調している。その上で、禁止により得られる利益は、公務員の政治的中立性を維持し、行政の中立的運営とこれに対する国民の信頼を確保するという国民全体の共同利益なのであるから、得られる利益は、過小評価されている失われる利益に比してさらに重要なものというべきである、としている。ここでは、表現の自由の側に不利な利益の衡量がなされている。

以上、詳しく見てきたように、猿払事件最高裁判決は、一見すると緻密な合憲性審査をするかのような判断枠組みの下で非常に緩やかな合憲性審査をして、国家公務員法・人事院規則による非常に広範な「政治的行為」の禁止が憲法二一条一項に違反しないとしたのであった。この猿払事件最高裁判決の合憲性判断の枠組みは、自由を規制する側に著しく有利で、自由の側に著しく不利な合憲性判断の手法である。そこで、憲法学からは、こうした手法が広く用いられることになれば、最高裁が、これまで以上に、人権に対する国家の制約をまともにその必要性を検討することなく合憲だと判断するようになるのではないか、と強く危惧され、猿払事件最高裁判決に対して強い批判が向けられた。

## 3　管理職はアウト、ヒラはセーフ？

猿払事件の最高裁判決は、国家公務員法・人事院規則による国家公務員の「政治的行為」の禁止を全面的に合憲であるとしたが、この判決以降、国家公務員が「政治的行為」をしたとして起訴されることは、長い間なかった。これは、猿払事件に代表されるような公務員組合による「ぐるみ選挙」の取組みが以前に比べると少なくなってきたからかもしれない。しかし、猿払事件最高裁判決から約三〇年後の二〇〇三年に、一人で支持する政党のビラを戸別配布しただけの国家公務員が国家公務員法違反で逮捕・起訴される事件が起こった。

これは、国民年金の相談業務という裁量の余地のない機械的な業務を担当する社会保険事務所の職員であった堀越明男さんが、勤務のない休日に、私服で外見上、公務員であることがわからないような態様で、職務とは関係なく、また、職場の人間関係を利用することもなく、職場から離れた自宅付近の住宅や集合住宅の郵便受けに日本共産党の機関紙号外等を投函したというものである。政党ビラ等を戸別配布している人が国家公務員であるということは尾行していた公安警察官しか知らなかった。堀越さんは、こうしたビラ戸別配布が人事院規則一四―七の六項七号(政党の機関紙の配布)・一三号(政治的目的を有する文書の配布)に該当するとして起訴されたのであるが、この行為が直接、何らかの弊害をもたらすとは思えない。猿払事件最高裁判決に依拠して国家公務員法・人事院規則は合憲であるとし、堀越さんに対して有罪の判決を下した第一審判決(東京地裁二〇〇六[平成一八]年六月二九日判決)も、被告人の行為は「直ちに行政の中立性とこれに対する国民の信頼を侵害したり、侵害する具体的な危険を発生させたりするものではなかった」として、罰金一〇万円の判決に執行猶予を付けたほどである。

一体、なぜ猿払事件判決から三〇年ほども経ってから、国家公務員の「政治的行為」禁止についての摘発・起訴がなされたのかは不明であるが、摘発の際には公安警察によるかなり大がかりな尾行、行動確認がなされた。第一審判決によると、警察は二〇〇三年の四月下旬に堀越さんが国家公務員でありながら禁止された「政治的行為」をしている疑いがあることを知り、同年一〇月一〇日の衆議院解散の翌日から総選挙施行の前日である一一月八日までの二九日間にわたり連日、堀越さんの尾行、行動確認を行った。その際、警視庁の公安部公安総務課から七名が所轄の月島署に派遣されており、警視庁公安部の警察官と月島署員とで連日、平日は二、三人、土日祝日には六名から一一名の捜査官が堀越さんの尾行、行動確認を行ったのだが、堀越さんの行動はビデオカメラで録画され、撮影されたビデオカメラカセットは約三三本に上ったという。まるで覚醒剤の取引の現場を押さえるための密行捜査のごときである。警察側は、堀越さんが友人と飲食店に入るところまでは尾行したものの、飲食店の中にまでは入っていないと主張しているが、そうであったとしても、こうした大がかりな尾行、行動調査は、警察に疑われるとプライバシーが大きく損なわれることを示している。いずれにせよ公安警察は起訴まで持ち込むために万全の態勢を敷いていたわけであるが、なぜ堀越さんに対して警告するのにとどめず、こうまでして立件、起訴しなければならなかったのであろうか。あるいは冷戦終焉後の公安警察の存在意義を示すためであったのかもしれない。

いずれにせよ、堀越さんの起訴がたまたまのものではなく、公安警察、そして検察も、国家公務員の「政治的行為」の取締まりに本腰を入れようとしていたようである。このことは、堀越さんが起訴された翌年である二〇〇五年に、厚生労働省の課長補佐であったUさんが、休日に警察官宿舎の郵便受けに日本共産党の機関紙号外を配布したとして国家公務員法違反で起訴されていることからも明らかである(国公法世田谷事件。堀越事件と合わせて「国公法二事件」と呼ばれる)。Uさんは、警察官宿舎と知らずビラ戸別配布のために宿舎の敷地内に立ち入りビラ戸別配布をしていたところを宿舎の住人である警察官に発見され、一一〇番通報され住居等侵入罪で逮捕されたのであったが、取調中に国家公務員であることが明らかになり、国家公務員法違反で起訴されたのであった。

## 堀越事件最高裁判決

堀越事件では、第一審は合憲判決を下したが、控訴を受けた東京高裁は、国家公務員法・人事院規則の関連規定を堀越さんに対して適用し処罰することは憲法二一条一項に違反するという判断を示して、無罪とする判決を下した(東京高裁二〇一〇[平成二二]年三月二九日判決)。東京高裁は、猿払事件最高裁判決の合憲性判断の枠組みを前提として、国家公務員の「政治的行為」を禁止し処罰する国家公務員法・人事院規則の規定自体は合憲としている。しかし、堀越さんのビラ戸別配布は国の行政の中立的運営およびそれに対する国民の信頼の確保という保護法益を侵害する危険性は全く認められないとして、国家公務員法・人事院規則の関連規定を適用することが違憲となるとしたのであった。この判決は、猿払事件最高裁判決以来の社会の変化(民主主義の定着、情報化、グローバル化)とそれによる国民の意識の変化に着目していた。

検察官からの上告を受けた最高裁は、政治活動の自由の重要性をも踏まえて、国家公務員法・人事院規則によって禁止されている「政治的行為」は、公務員の職務の遂行の政治的中立性を損なうおそれが実質的に認められる政治活動を意味すると限定解釈をした上で、堀越さんについての東京高裁の無罪判決を維持した(最高裁二〇一二〔平成二四〕年一二月七日第二小法廷判決)。最高裁は、国家公務員「法一〇二条一項の文言、趣旨、目的や規制される政治活動の自由の重要性に加え、同項の規定が刑罰法規の構成要件となることを考慮すると、同項にいう「政治的行為」とは、公務員の職務の遂行の政治的中立性を損なうおそれが、観念的なものにとどまらず、現実的に起こり得るものとして実質的に認められるものを指し、同項はそのような行為の類型の具体的な定めを人事院規則に委任したものと解するのが相当である」ので、「その委任に基づいて定められた本規則も、このような同項の委任の範囲内において、公務員の職務の遂行の政治的中立性を損なうおそれが実質的に認められる行為の類型を規定したものと解すべきである」、という。そうすると、人事院規則一四―七の六項七号・一三号「それぞれが定める行為類型に文言上該当する行為であって、公務員の職務の遂行の政治的中立性を損なうおそれが実質的に認められるものを当該各号の禁止の対象となる政治的行為と規定したものと解するのが相当」ということになるという。そして、堀越さんのビラ配布は、公務員の職務の遂行の政治的中立性を損なうおそれが実質的に認められるものとはいえないのであるから、人事院規則が禁止する政治的目的を有する文書の配布などにあたらないとした。

そして、最高裁は、こうした限定解釈をした上で、猿払事件最高裁判決の合憲性判断の枠組みを用いずに、自由に対する制限の程度と自由の制限によってもたらされる公益の程度とを比較衡量して、国家公務員の「政治的行為」を禁止し処罰する国家公務員法・人事院規則の規定を合憲であるとした。このように堀越事件最高裁判決は、小法廷の判決でありながら、猿払事件の大法廷判決を実質的に覆したのであった。

本来は、国家公務員法・人事院規則による広範な「政治的行為」の禁止・処罰は憲法二一条一項に違反すると判断すべきものであるが、最高裁が、政治活動の自由の重要性をも踏まえて禁止される「政治的行為」について限定解釈を加えたことは評価できよう。

## 世田谷事件最高裁判決

しかし、堀越事件判決と同じ日に、最高裁は、国公法世田谷事件については、右と同じ限定解釈に依拠しながら、Uさんに対する東京高裁の有罪判決を維持した。Uさんのビラ配布は、外形的には堀越さんによるビラ配布と同じであるにもかかわらず、公務員の職務の遂行の政治的中立性を損なうおそれが実質的に認められるとしたのであった。最高裁は、厚生労働省大臣官房統計情報部社会統計課長補佐であるUさんが管理職員であり、「このような地位及び職務の内容や権限を担っていた被告人が政党機関紙の配布という特定の政党を積極的に支援する行動を行うことについては、それが勤務外のものであったとしても、国民全体の奉仕者として政治的に中立な姿勢を特に堅持すべき立場にある管理職的地位の公務員が殊更にこのような一定の政治的傾向を顕著に示す行動に出ているのであるから、当該公務員による裁量権を伴う職務権限の行使の過程の様々な場面でその政治的傾向が職務内容に現れる蓋然性が高まり、その指揮命令や指導監督を通じてその部下等の職務の遂行や組織の運営にもその傾向に沿った影響を及ぼすことになりかねない」からである、というのであった。

しかし、管理職の国家公務員が勤務時間外に、職務を利用せず、公務員であることを明らかにせず政治活動をした場合、部下である国家公務員は、そのことを知らないのであるから、当該管理職公務員の影響を受けたり、その政治的傾向を忖度して職務にあたったりはしないであろう。最高裁は、勤務時間外に政治活動を行うような管理職公務員は、その職務を政治的に歪めて行う危険性が高いというのであろう。しかし、それは本当だろうか。勤務時間外に政治活動は行わないが、強くある政党を支持している管理職公務員と、そうした政治的な職権行使に出る可能性は変わらないのではなかろうか。

この判決では、弁護士出身の須藤正彦裁判官は、Uさんを無罪とすべきという反対意見を書いている。つまり、須藤裁判官は、公務員の職務の遂行の政治的中立性が損なわれるおそれが実質的に生ずるとは、公務員の政治的行為からうかがわれるその政治的傾向がその職務の遂行に反映する機序あるいはその蓋然性について合理的に説明できる結び付きが認められる場合を指す、とする。そして、Uさんのビラ戸別配布のような、公務員が勤務時間外に、国ないし職場の施設を利用せず、公務員の地位から離れて行動しており、いわば一私人、一市民として行動しているとみられるような政治的行為、つまり勤務外の政治的行為は、国家公務員法・人事院規則が禁止する「政治的行為」にあたらない、という。須藤裁判官の立場の方が説得力があろう。

## 4　地方公務員も政治的行為を禁止されている

### 地方公務員法の制定

先に見た国家公務員法制定・改正に遅れて一九五〇年に制定された地方公務員法も、一般職の地方公務員の政治的行為を禁止しているが、国家公務員法一〇二条一項、人事院規則一四―七よりも禁止される「政治的行為」の範囲を限定しており、さらに、「政治的行為」を行った者が刑罰を科されるという規定を置いていない。なお、地方公務員のうち、教育公務員(公立学校の教員)は、国家公務員と同じ内容の「政治的行為」が禁止されるが、禁止違反に対して刑罰は科されない(教育公務員特例法一八条)。また、市バスを運営する市の交通局や、水道事業を運営する市の水道局といった地方公営企業の職員である地方公務員は、地方公務員法による政治的行為の禁止の対象とならない(地方公営企業法三九条二項)し、単純な労務に雇用される一般職に属する地方公務員も同様である(地方公営企業等の労働関係に関する法律附則五項)。

地方公務員法において、国家公務員法・人事院規則と比べれば限定的な「政治的行為」禁止の定めが置かれたのは、地方公務員法案策定に関わった人事院幹部が国家公務員に対する「政治的行為」禁止の仕組みが過度なものであったと考えていたことに加え、国家公務員に対するの国会審議においてもそうした見地からの批判がなされたからである。また、当時、占領も末期となり、占領軍当局が日本側の自主的な判断を以前より認めるようになっていたため、こうした日本側の動きが占領軍当局によって阻止されることはなかった。

地方公務員法三六条によって禁止される「政治的行為」の範囲は国家公務員法・人事院規則によるものより限定されている。同条は、まず第一項で、政党その他の政治的団体の結成に関与し、もしくはこれらの団体の役員となることと、これらの団体の構成員となるように、もしくはならないように勧誘運動をすることを禁じている。その上で、第二項で、１特定の政党その他の政治的団体または特定の内閣もしくは地方公共団体の執行機関を支持し、またはこれに反対する目的、あるいは、２公の選挙または投票において特定の人または事件を支持し、またはこれに反対する目的で、①公の選挙または投票において投票をするように、またはしないように勧誘運動をすること、②署名運動を企画し、または主宰する等これに積極的に関与すること、③寄附金その他の金品の募集に関与すること、④文書または図画を地方公共団体の庁舎、施設等に掲示し、または掲示させ、その他地方公共団体の庁舎、施設、資材または資金を利用し、または利用させること、⑤その外の条例で定める政治的行為、をしてはならない、と定めている。

このように「政治的目的」も人事院規則一四―七よりも限定されて、1、2とされており、たとえば、政治の方向に影響を与える意図で特定の政策を主張または反対すること、国または公の機関において決定した政策の実施を妨害することなどは含まれていない。さらに、具体的な政治的行為も右の①から④に絞られている。その結果、たとえば、猿払事件や堀越事件で摘発された、政治的目的を有する文書の配布などは禁止対象となっていない。もっとも、⑤条例で定める政治的行為も禁止対象となるので、条例で広範に「政治的行為」を指定することもありうることになる。しかし、地方公務員法案の策定者は、国家公務員法・人事院規則による政治的行為の禁止が広すぎ、過度であるという考えから、「政治的目的」を絞り、具体的な政治的行為として①から④を挙げるにとどめたのであるから、条例で人事院規則一四―七と同様な定めが置かれるようなことは想定しておらず、国会でも包括的な条例の制定はありえないと答弁していた。

しかし、国会審議では、それでもまだ禁止の範囲が広範であるという批判がなされ、結局、第二項に、当該職員の属する地方公共団体の区域外であれば、右の①から③と⑤の行為をすることができるという文を挿入する、という修正がなされた。

次に、地方公務員法三六条三項は、何人も前二項の「政治的行為」を行うよう職員に対し求めることや、そそのかしまたはあおることなどをしてはならないと定めている。国会に提出された地方公務員法案では、この条項に違反した者に刑罰が科されるとの規定があったが、国会審議において批判を受け、罰則規定を削除する修正がなされた。

## 大阪市の条例

先に見たように、地方公務員法三六条二項は条例で禁止の対象となる「政治的行為」を追加することができると定めているが、地方公務員法案の国会審議における答弁が予想していた通り、禁止される「政治的行為」を包括的に定める条例はほとんどなかった。しかし、今世紀に入ってから大阪市、大阪府でそうした条例が制定されている(2)。

これは、橋本徹大阪府知事が、大阪府と大阪市の二重行政を解消する必要があるとして、大阪都構想を掲げ、二〇一一年に大阪市長選挙に立候補したことに端を発している。大阪都構想は、大阪市を解体して特別区とするとともに、大阪市の権限・財源のうち広域行政に関わるものは大阪府に移管するという、実質的に見て大阪市解体構想であるから、大阪市の職員はそうした大阪市解体構想を掲げる橋本候補に反発し、大阪市の職員組合が現職の平松邦夫候補支持で動いたようである。そこで、市長選挙後、橋本新市長は、市長選挙において大阪市の職員組合による違法な選挙運動があったとして、大阪市職員の「政治的行為」を広く規制するとともに、違反に刑罰を科す条例の制定を目指した。しかし、内閣は、地方公務員法が「政治的行

為」に刑罰を科していないのに、条例で「政治的行為」に刑罰を科すのは違法であるとの閣議決定を行った。(3)

地方公共団体は「法律の範囲内」で条例を制定することができる(憲法九四条)が、条例制定権は、地方公共団体が当該地方における諸問題をその地方の実情に応じて規律することができるようにするために付与されているものであるから、法律と条例が同じ事項について定めているからといって、ただちに条例が法律に違反していると解すべきではない。最高裁も、「条例が国の法令に違反するかどうかは、両者の対象事項と規定文言を対比するのみでなく、それぞれの趣旨、目的、内容及び効果を比較し、両者の間に矛盾抵触があるかどうかによってこれを決しなければならない」と、柔軟な総合的判断によるとしているところである。(4) しかし、地方公務員法は、地方公務員の制度については全国で統一した仕組みが必要であるとの見地から制定されたものである。地方公務員の「政治的行為」禁止は、そうした地方公務員法の中で、地方公務員の表現の自由の制限であることを踏まえて、全国的な共通の基準として定められたものであるから、地方公務員法自体が条例に委任しているものを超えて、条例で地方公務員法よりも厳しい規律を行うことは、地方公務員法に違反するものであるといえよう。

そこで、大阪市は、「政治的行為」禁止違反に対する刑罰規定の導入は断念し、「政治的行為」の範囲を拡大する「職員の政治的行為の制限に関する条例」を制定した。この条例は、

「政治的目的」については、地方公務員法三六条二項が規定するものより拡大してはいないものの、「政治的行為」として、人事院規則一四―七が掲げるものを――地方公務員法三六条二項が挙げるものを除き――ほぼそのまま掲げている。

しかし、国家公務員法・人事院規則による「政治的行為」禁止についての本書の叙述を踏まえれば、こうした広範な「政治的行為」の禁止は、そのままで憲法上許されるものとはいいがたい。「政治的行為」を行った地方公務員に刑罰は科されないといっても、懲戒処分の対象とはなる（地方公務員法二九条一項）のであるから、「政治的行為」禁止が地方公務員の表現の自由を制限するものであることに変わりはないからである。実際、先に堀越事件で見たように、最高裁は、大阪市条例が制定された二〇一二年の暮れに、人事院規則一四―七が掲げる「政治的行為」が、字義通りそのまま禁止対象となるわけではないことを明らかにしている。大阪市条例についても、少なくとも、条例が挙げる「政治的行為」の文言に形式的にあたれば「政治的行為」禁止違反になるというわけではなく、公務員の職務の遂行の政治的中立性を損なうおそれが現実的に起こりうるものとして実質的に認められるものであって初めて禁止対象にあたる、と解して運用すべきであろう。

この点で、大阪市の「職員の政治的行為の制限に関する条例　解釈・運用について」が、「個々の事例が、本条例に違反するかどうかについては、政治的目的をもつ行為であるかどうかや行為態様により判断することとなるため、行為だけを取り上げて違反かどうかを一概に言えるものではない」としている点や、衆議院議員選挙等に際して、特定の候補者を支持する旨の組合役員会や総会の決議を組合員に周知するためのビラを通常の周知方法で組合員に配布することは差し支えないとしている点は、評価できなくもない。しかし、そもそも、本条例の「政治的行為」の範囲を、大阪市の実情にふさわしく限定するよう修正することが望まれるのである。

## 5　政治活動や思想の調査

### 大阪市による職員アンケートの実施

大阪市では、「職員の政治的行為の制限に関する条例」が制定されたのと同じ二〇一二年に、職員に対して思想・良心の自由や、プライバシーの権利、労働基本権(特に団結権)に関わるアンケートが実施された。これは、大阪市の市長、交通局長および水道局長が、それぞれが所管する部局の職員に対し、大阪市職員による違法行為等に関する第三者調査を行うチームが作成した記名式での労使関係に関するアンケートに回答することを命じる職務命令を発出し、本件アンケートに対する回答が回収された、というものである。この第三者調査チームは、大阪市特別顧問である野村修也中央大学教授（商法研究者・弁護士）を代表とする外部有識者からなるが、このアンケートは市長らの職務命令により大阪市職員が回答を義務づけられる形でなされたものであり、大阪市自体によるアンケート調査と位置づけられる。

このアンケートは、二二項目からなり、回答者の氏名、職員番号、所属部署、職種、職員区分という回答者を特定するための質問（Q1〜Q5）に続いて、労働条件に関する組合活動への参加の有無等（Q6）、特定の政治家を応援する活動への参加の有無等（Q7）、職場の関係者からの特定の政治家への投票要請の有無等（Q8）、紹介カード（特定の選挙候補者陣営への提供を目的として、知人・親戚などの情報を提供するためのカード）の配布を受けた事実の有無等（Q9）、組合の幹部が職場において優遇されていると思うか等（Q10）、職員の採用で有利に扱ってもらった者がいるか等（Q11）、職場において選挙のことが話題になったか等（Q12）、職場における組合活動および選挙運動で問題のないものはどれか等（Q13）、大阪市の広報活動についてどのように感じているか等（Q14）、大阪市における組合活動や選挙運動に関する自由回答（Q15）、労働組合加入の有無等（Q16）、労働組合に加入するメリットをどう感じているか等（Q17）、労働組合にどのような力があると思うか等（Q18）、労働組合に加入しないことによる不利益はどのようなものがあると思うか等（Q19）、労働組合に待遇等の改善について相談したことがあるか等（Q20）、組合費がどのように使われているか知っているか等（Q21）、平成一七年の職員厚遇問題を受けての労使関係の適正化による職場の変化についてどう思うか等(Q22)を尋ねている。これらのうち、Q17からQ20までのほか、Q6からQ9までの一部、Q16の一部は任意回答であることが明記されていた。

これらのアンケート項目には、労働組合活動に関する、つまり憲法二八条が保障する労働基本権にかかわる質問があるほか、思想・信条、政治活動に関する質問が多く含まれている。たとえば、Q7について、最近二年間に特定の政治家を応援する活動に「組合から誘われたので参加した」と答えれば、大阪市職員組合などの多数派組合が積極的に選挙運動を行ったとされる二〇一一年一一月の大阪市長選挙において平松前市長を応援するための活動を行ったことが明らかになる。さらに、「紹介カード」は二〇一一年一一月の大阪市長選挙において平松前市長の選挙運動に用いられたものであるので、Q9で、「紹介カード」を配布した、あるいは、「カードに記載された選挙候補者を応援したいと思ったから」記入して返却したという事実を回答すれば、同選挙において平松候補を積極的に支援する選挙運動を行った、すなわち、平松候補が市長にふさわしく、その実現のために積極的に活動すべきであるとの政治的意見を有していたことを告白することになる。

さらに、他の質問項目への回答とクロス集計すれば、回答者の思想・信条をより正確に判断できる。大阪市役所の組合が行う労働条件に関する組合活動に参加したことがあるか否かを尋ねるQ6への回答とQ7、Q9の回答をクロス処理して、Q6で組合活動に「誘われていないが、自分の意思で参加した」、Q7でこの二年間に特定の政治家を応援する活動に「誘われていないが、自分の意思で参加した」、Q9で「紹介カード」を配布したと答えた者をピックアップすると、それは、大阪市職員組合等の多数派組合が前回市長選挙で平松前市長を応援する積極的な活動を行ったとされていることからして、そうした大阪市職員組合等の積極的な活動家として、平松前市長を強く支持する政治的意見をもっている者を特定することになる。他方、Q6で組合活動に「誘われていないが、自分の意思で参加した」、Q7でこの二年間に特定の政治家を応援する活動に「誘われていないが、自分の意思で参加した」と答えていながら、Q9で「紹介カード」を配布されていないと回答した者は、少数派組合の積極的な活動家であって、大阪市長選挙において共産党の推薦する候補者が市長としてふさわしいとの政治的意見をもち、その候補者を応援する活動を行った者であることが、ほぼ確実である。

## 思想・良心の自由と職員アンケート

しかし、憲法一九条が保障する「思想及び良心の自由」は、国家によってその思想・良心の告白を要求されないという保障(沈黙の自由)を含むのであるから、大阪市職員に対するこのようなアンケートへの回答強制は、思想・良心の自由を侵害するのではないか。

一般的に、沈黙の自由の保障対象となる「思想及び良心」は一体として捉えられており、「思想」と「良心」は特に区別されていない。しかし、「思想及び良心」が何かについては争いがあり、信仰に準ずる世界観、人生観、主義主張などの個人の人格的・内面的な精神作用であるとする信条説(狭義説)と、広く事物に対する是非弁別の判断を含む個人の内心領域を指すとする内心説(広義説)とが対立している。この点については、沈黙の自由が絶対的に保障されると解するのであれば、信条説をとるのが妥当であろう。

表現の自由は「言いたいことを言い、言いたくないことを言わない自由」であり、言いたくないことを言わない自由(消極的表現の自由)は表現の自由の一部をなす。それゆえ、内心の表明を強制されない自由は、一般的に消極的表現の自由と捉えることができるが、公平な裁判の実現等の目的のために制限を受けることがありうる。それに対して、思想・良心の自由の一内容である沈黙の自由は、内心のうち人格の核心に直結するもの(信条)の表明を拒否する自由であり、絶対的に保障されると解すべきである。思想・良心の自由の一部である沈黙の自由は、どのような目的のためであっても制限することができない。信条、すなわち、人の基本的な物の見方、考え方こそ、その人をその人たらしめているものであり、人格の核心に直結するものであるから、そのようなものの告白を強制することは、人格に対する最も深刻な冒瀆、攻撃である。また、信条が公権力を含む他者に知られることになれば、信条に照らして自己が善と考える行動をとることが著しく困難となる恐れがある。それゆえ、信条の告知の強制は、絶対に許されてはならないのである。

ただし、信条説をとっても、個々的な政治的意見や事実の認識は信条の発露であったり、また反対に、そうしたものにより信条が形成されていくのであるから、世界観や思想などの形成にかかわる具体的判断・意見や事実の知識も「思想及び良心」に含まれることがあると解すべきである。それゆえ、ある事柄についての具体的な意見が、思想・良心と不可分の関係にあり、それを告知させることによってその人の思想・良心が明らかになる高度の蓋然性がある場合には、そうした意見の表明を強制することは許されない。さらに、事実であっても、たとえば特定の政治団体等への加盟の有無のように、思想・良心と不可分の事実を告知させることは、思想・良心を告白させることと全く変わらないのであるから、許されない。こうした思想・良心の自由の理解からすれば、大阪市職員へのアンケート調査の多くの質問項目は職員の思想・良心の自由を侵害し憲法一九条に違反するものであった、と解すべきである。

## 職員アンケートとプライバシー

また、大阪市職員に対する問題のアンケートは大阪市職員のプライバシーの権利を侵害するものでもある。憲法一三条後段は「生命、自由及び幸福追求に対する国民の権利」（幸福追求権）

を保障しているが、今日では、この幸福追求権にはプライバシーの権利が含まれるという理解が多数の支持を得ている。そして、このプライバシーの権利を、自己に関する情報を他者が取得・収集、保有、利用、提供することに対してコントロールを及ぼす権利(自己情報コントロール権)と捉える立場が有力である。こうしたプライバシー権理解は、現代国家が国民の福祉を増進するために多様な活動をするにあたり多種多様な個人情報を収集し蓄積していることと情報化社会の進展を背景として唱えられているものである。ただ、個人情報といっても、それを他者に知られないことが自律した生を送るために不可欠であるようなセンシティブな個人情報もあれば、社会生活を送ることによって広く知られている個人情報もあり、さまざまである。ただ、国や地方公共団体が前者のセンシティブな個人情報を収集することは原則として許されず、どうしても必要な場合にのみ許されると解すべきである。そして、このアンケートの項目の中には、政治活動への参加、労働組合活動への参加というセンシティブな個人情報を尋ねるものが多いのである。

政治的な活動に参加したという事実や政治的な意見はセンシティブな個人情報であるから、先に見たQ7とQ9はセンシティブな個人情報を収集しようとするものである。また、組合活動にどのように関わるかは、個人の道徳的、人格的な自律的決定の所産であるから、先に見たQ6のほか、組合への加入の有無を尋ねるQ16、組合への待遇等改善についての相談の有無と場所・時間帯を尋ねるQ20は、やはり人格的自律と直結するセンシティブな個人情報を収集するものである。さらに、妥当と考える職場における組合活動、選挙運動に関しての意見を聞くQ13、組合に加入することのメリットについての意見を尋ねるQ17、組合の力についての意見を尋ねるQ18、組合に加入しない(脱退する)ことによる不利益につき意見を尋ねるQ19は、労働組合活動のあり方についての個人の意見という、やはり人格的自律と直結するセンシティブな個人情報を収集するものである。

こうしたセンシティブな個人情報の提供を職員に強制する必要性があったのか、つまり、きわめて重要な目的を実現するために必要最小限度の手段である場合にあたるのかが、厳密に問われなければならない。

### 職員アンケートと表現の自由

さらに、大阪市職員に対する問題のアンケートが大阪市職員の表現の自由を侵害するものではないか、という問題もある。第一章4で確認したように、表現の自由には、表現活動に対する間接的規制、間接的な妨害・干渉を受けない自由、とりわけ表現活動に対して事後的に不利益や不当な圧力を受けないという保障が含まれる。これまで見てきたように、アンケート項目の中には政治活動、とりわけ選挙運動について尋ねるものがある。そして、堀越事件判決を前提とすると、地方公務員による選挙運動をすべて禁止できるわけではなく、公務員の地位や、職務内容と権限、行為の場所、権限利用の有無、勤務時間の内外、国または公共団体の施設利用の有無などからして、「公務員の職務の遂行の政治的中立性を損なうおそれが、観念的なものにとどまらず、現実的に起こり得るものとして実質的に認められるもの」のみを合憲法的に禁止しうるのである。つまり、地方公務員による選挙運動の中には、憲法上禁止できないものがあるわけである。にもかかわらず憲法上正当な表現の自由の行使にあたる選挙運動、政治活動についてまで職員に回答を強制することは、職員の政治的な表現の自由の行使に対して強い萎縮的効果を与えることになるので、きわめて重要な目的を実現するために必要最小限度の手段である場合にのみ許される、と解される。

## アンケートを強制する特別な必要性はあったのか？

では、大阪市職員に対してこれらの質問項目について回答を強制する特別な必要性はあったのであろうか。アンケート項目の作成において中心的な役割を果たした野村教授は、裁判所に提出した陳述書において、本件アンケート調査は、「大阪市における不正行為等の根本にある原因を解明する端緒とするために行われた」と説明している。「大阪市政における違法行為等の実態を徹底的に解明し、大阪市政の健全化を図ること」を目的とする「第三者調査チーム」

が、大阪市における不正行為等の根本原因を解明するための端緒となる情報を得ようとしたというのである。当時、大阪市職員や大阪市の職員組合に関して、犯罪行為や実質的ヤミ専従などの問題が明らかになっており、あるいは少なくとも指摘されていたことからして、大阪市の職員や職員組合をめぐる違法・不当な行為がどれほど存在するのかを明らかにし、さらに、そうした事象の根本原因（「大阪市における労使癒着の構造」）を追究することが必要であったことは否定できない。また、そうした根本原因の追究を進めるにあたり端緒となる情報を入手しようとしたことも理解できる。

しかし、仮に大阪市の職員や職員組合をめぐる違法・不当な行為の根本原因の追究を進めるにあたり端緒となる情報を入手するという目的がきわめて重要な目的と認められるとしても、そうした端緒となる情報を得るために職員に顕名でセンシティブな個人情報を回答させることが必要最小限度の手段であったとは認められない。

まず、職員へのアンケート調査が、大阪市の職員や職員組合をめぐる違法・不当な行為の根本原因の追究を進めるにあたり端緒となる情報を入手する、という目的にとって必要であるとしても、記名式でのアンケート調査が不可欠だとはいいがたい。実際、第三者調査チームは、職員アンケートが人権侵害であるという強い社会的な批判を受けたこともあって、アンケート結果を分析せずに報告書を作成しており、野村教授はこの報告書では労使の癒着の構造などを解明できていると自負している。このことは職員アンケートが第三者調査チームによる調査にとって不可欠なものでなかったことを示している。さらに、アンケートの質問内容が、大阪市の職員や職員組合をめぐる違法・不当な行為の根本原因の追究を進めるにあたり端緒となる情報を入手する、という目的の達成にとって必要最小限度の範囲にとどまっている、とはいいがたい。たとえば、Q6では、組合活動に自分の意思で参加したか、誘われて参加したのか、その場合の活動内容・誘った人・誘われた場所・時間帯、参加しなかったが誘われたことがあるか、その場合の活動内容・誘った人・誘われた場所・時間帯などを、詳細に尋ねている。しかし、勤務時間内に組合活動への参加の呼びかけがなされているかや、幹部職員が組合活動に参加するよう職員に働きかけているかを知りたければ、それに限定した質問をすれば十分である。

このように大阪市職員アンケートはきわめて重要な目的を達成するのに必要最小限度のものであったとは認められず、プライバシーの権利、表現の自由を侵害するものであった。

## 大阪市アンケートに関する裁判所の判断

この大阪市職員に対するアンケート実施に対しては、大阪市職員の多数派組合とその組合員である職員による国家賠償請求訴訟（第一訴訟）、大阪市職員の少数派組合の組合員である職員による国家賠償請求訴訟（第二訴訟）が提起された。この二つの訴訟において、大阪地裁、大阪高裁とも、アンケートが大阪市職員の労働基本権、プライバシー権を侵害する質問項目を含んでおり、違法な調査であったとし、原告勝訴の判決を下した。

第一訴訟の控訴審判決は、本件アンケートは、そのうちのQ7および9が職員のプライバシー権と政治活動の自由を侵害し、Q6、7、9、16および21が、職員、職員組合の団結権を侵害する違法な内容のものであったとしている(大阪高裁二〇一五[平成二七]年一二月一六日判決)。第二訴訟の控訴審判決でも、Q7および9は職員のプライバシー権を侵害し、Q6および16が職員の労働基本権を侵害するものであったとされている(大阪高裁二〇一六[平成二八]年三月二五日判決)。大阪市はこれらの高裁判決に対して最高裁に上告をせず、大阪市の職員へのアンケート調査が違法なものであったことが確定している。

## 6　裁判官の「積極的な政治運動」

**裁判官に対する「積極的に政治運動をすること」の禁止**

裁判官も国家公務員であるが、特別職の国家公務員であって(国家公務員法二条三項一三号)、一般職の国家公務員に対する政治的行為禁止規定である国家公務員法一〇二条一項は適用されない。その代わり、裁判所法は、裁判官が「積極的に政治運動をすること」を禁止している

（五二条一号）。これに違反しても裁判官が刑罰を科されることはないが、「職務上の義務に違反し」たとして、懲戒処分を受ける可能性がある（四九条）。ここで説明しておくと、憲法上、司法権の独立を確保するため裁判官には職権の独立が保障されている（七六条三項）だけでなく、その身分が保障されており、裁判により「心身の故障のために職務を執ることができない」と決定された場合と公の弾劾による場合にしか、罷免されない（七八条前段。もっとも、最高裁の裁判官は、国民審査の結果、罷免されることがありうる）。そして、裁判官は裁判所によってのみ懲戒されうる（七八条後段）とされており、裁判官は、職務上の義務に違反し、もしくは職務を怠り、または品位を辱める行状があった場合、裁判によって懲戒される（四九条）。懲戒処分の種類は、戒告または一万円以下の過料とされている（裁判官分限法二条）。裁判官の身分保障との関係で、他の公務員のように免職、停職、減俸が懲戒処分としてなされることはない。

**寺西裁判官事件**

寺西和史さんは、司法試験合格者に対する司法修習を終えた後、旭川地裁の判事補として任用されていた。そして、一九九七年に政府の法制審議会が、捜査手段として電話盗聴を導入することを含む組織的犯罪対策法要綱骨子を法務大臣に答申したことに関連して、寺西さんは、朝日新聞に、裁判官であることを明らかにして、「裁判官による令状が、ほとんど検察官、警察官のいいなりに発付されている現状からして、〈裁判官の発付する令状に基づいて通信傍受が行われるのだから、盗聴の乱用の心配はない〉とはとてもいえない」といった趣旨の投書を行い、掲載された。その後、組織的犯罪対策法制定の動きが進む中で、それへの反対運動の一環として、一九九八年四月に「つぶせ！　盗聴法・組織的犯罪対策法　許すな！　警察管理社会4／18大集会」の開催が計画された。寺西さんは、朝日新聞への投書をしていたことから、この集会内のシンポジウム「盗聴法と令状主義」にパネリストとして出席することを依頼され、それを了承していた。そして、裁判官である寺西さんもシンポジウムのパネリストとして出席することを知らせるビラが配布されたことから、寺西さんのシンポジウム参加が、当時所属していた仙台地裁の所長の知るところとなり、所長が、寺西さんに対して集会への出席を見合わせるよう警告をしたため、寺西さんは、シンポジウムへのパネリストとしての出席を断念した。

しかし、寺西さんは、「つぶせ！　盗聴法・組織的犯罪対策法　許すな！　警察管理社会　4／18大集会」に一般参加者として参加し、パネルディスカッションの始まる直前、会場の一般参加者席から、仙台地裁の判事補であることを明らかにした上で、「当初、この集会において、盗聴法と令状主義というテーマのシンポジウムにパネリストとして参加する予定であったが、事前に所長から集会に参加すれば懲戒処分もありうるとの警告を受けたことから、パネリストとしての参加は取りやめた。自分としては、仮に法案に反対の立場で発言しても、裁判所法に定める積極的な政治運動にあたるとは考えないが、パネリストとしての発言は辞退する」という趣旨の発言をした。これに対して分限裁判が提起され、仙台高裁は、法案の廃案を目指している政治運動に積極的に加担したものであり、積極的に政治運動をしたとして戒告の懲戒処分の決定をした。そこで、寺西さんは、最高裁に即時抗告を行った。

これに対して、最高裁大法廷は、仙台高裁の戒告決定を支持した（ただし、一五人の最高裁裁判官のうち五人の裁判官が反対意見を書いている）。まず、最高裁は、裁判所法五二条一号が禁止する「積極的に政治運動をすること」とは、「組織的、計画的又は継続的な政治上の活動を能動的に行う行為であって、裁判官の独立及び中立・公正を害するおそれがあるもの」がそれにあたる、とする。そして、寺西さんの問題の言動は、組織的犯罪対策法案を廃案に追い込むことを目的として共同して行動している諸団体の組織的・計画的・継続的な反対運動を拡大、発展させ、そうした目的を達成させることを積極的に支援しこれを推進するものであって、裁判所法五二条一号が禁止している「積極的に政治運動をすること」に該当する、としたのであった（最高裁一九九八［平成一〇］年一二月一日大法廷決定）。

## 「積極的に政治運動をすること」とは何か？

そもそもなぜ裁判官は「積極的に政治運動をすること」を禁じられるのであろうか。「積極的に政治運動をすること」の禁止は、裁判官の表現の自由を侵害するものではないのか。なぜなら、裁判官も、国民であって、憲法二一条一項が規定する表現の自由の保障を受けるのであって、表現の自由には政治的な表現活動を行う自由も含まれるからである。確かに、裁判官は、裁判をするにあたっては、自己の政治的な信条によって法や事実を歪めるようなことがあってはならない。憲法七六条三項は、「すべて裁判官は、その良心に従ひ独立してその職権を行ひ、この憲法及び法律にのみ拘束される」と定めているが、一般に、ここでいう「良心」とは、裁判官としての客観的良心ないし裁判官の職業倫理を意味するとされている(客観的良心説)。つまり、裁判官は、自己の主観的良心(価値観・世界観・宗教上の信念等)が憲法や法律と矛盾する場合に、自己の主観的良心に従って裁判することはできず、自己の主観的良心を抑制して憲法・法律に従って裁判しなければならず、それが裁判官としての良心に従ったことになる、というのである。このように、裁判官は職権行使において中立・公正でなければならないのであって、そうした意味では、最高裁がいうように、「司法権の担い手である裁判官は、中立・公正な立場に立つ者でなければなら」ない。問題は、裁判官が職務を離れて一市民として行う表現活動についても「中立・公正」が要求されるのかである。

この点について、最高裁は、司法に対する国民の信頼は、具体的な裁判の内容の公正、裁判運営の適正だけでなく、外見的にも中立・公正な裁判官の態度によって支えられるのであるから、裁判官は、外見上も中立・公正を害さないように自律、自制すべきことが要請される、としている。職務を離れた私人としての行為であっても、裁判官が政治的な勢力にくみする行動に及ぶときは、当該裁判官に中立・公正な裁判を期待することはできないと国民から見られることになり、裁判官の中立・公正に対する国民の信頼が揺るぎ、裁判の存立基盤が崩される、というのである。こうしたことから、最高裁は、裁判官に「積極的に政治運動をすること」を禁止する裁判所法五二条一号は、表現の自由を保障する憲法二一条一項に違反しない、とした。

確かに、裁判所は「財布も剣ももたない」国家機関ともいわれ、裁判および裁判所に対する国民の信頼こそがよりどころである。それゆえ、裁判所、司法にとって国民の信頼の維持が重要であることは疑いない。しかし、裁判官も市民として表現の自由の行使が保障されているのであって、裁判・裁判所への国民の信頼の確保の要請と裁判官の表現の自由との調整が図られなければならない。裁判官の政治的中立性の外観を維持するためには、裁判官の政治的な表現活動を一切禁止すれば万全なわけだが、そのようなことは憲法上許されない。実際、最高裁も、裁判官が職名を明らかにして論文、講義等において特定の立法の動きに反対である旨を述べることも、その発表の場所・方法等に照らし、それが特定の政治運動を支援するものではなく、一人の法律実務家ないし学識経験者としての個人的意見の表明にすぎないと認められる限りにおいては、裁判所法五二条一号により禁止されるものではない、としている。

ところで、戦前の裁判所構成法は、裁判官が「公然政事ニ関係スル事」および「政党ノ党員又ハ政社ノ社員トナリ又ハ府県郡市町村ノ議会ノ議員トナル事」を禁止していた(七二条)。それに対して、日本国憲法制定に伴い制定された裁判所法は、政党の党員・政治結社の社員になることを禁止しておらず、また、政治活動のうち、「積極的に」政治運動をすることだけを禁止している。これは、日本国憲法が思想・良心の自由、表現の自由を保障していることを踏まえてのことであろう。とすれば、裁判所法五二条一号は、裁判官が政党員や政治結社の社員であることもあり、一定の政治的な思想・信条をもっていること、そして、そうした政治的な思想・信条の発露として「通常の政治運動」(遠藤光男裁判官の反対意見)をすることもある、ということを出発点に据えて理解されなければならない。つまり、私生活をも含む全人格が「政治的に無色」という意味での「政治的に中立な」裁判官を期待することは誤っている。最高裁を頂点とする司法府としては、国民に対して、裁判官とは、職務を離れた政治的な発言をすることがあっても、裁判官としての職務行使にあたっては、自己の政治的な主張を抑えて憲法と法律にのみ従って裁判をする存在である、ということを理解してもらうよう努めなければならない。

それゆえ、裁判所法五二条一号が禁止する「積極的に政治運動をすること」とは、このような理解を国民に求めるのが困難なほど、極端な政治運動をすることを意味する、と解すべきであろう。「自から進んで、一定の目的又は要求を実現するために、政治権力の獲得、政治的状況の変革、政治的支配者への抵抗、あるいは政策の変更を求めて展開する活動」、「単なる意見表明の域を超え、一定の政治目的を標ぼうする運動の中に自らの意思で身を投じ、目的実現のために活発に活動すること」(元原利文裁判官の反対意見)を指すと解すべきである。さすがにこうした場合には、「裁判官が行った政治運動の態様が社会通念に照らしかなり突出したものであるがゆえに、将来……憲法上の要請を逸脱してその職権が行使されるおそれがあり、ひいては、そのことによって、裁判官に求められるその地位の独立性や……外見上の中立性・公正性までもが著しく損なわれるに至ったと認められる」(遠藤裁判官の反対意見)からである。

## 寺西発言は「積極的な政治運動」にあたるか?

裁判官が、法律雑誌や新聞において、法律の専門家としてある法案についての見解を表明すること自体は、結果的に一定の政治的な意味合い、政治的な効果を有するとしても、最高裁も認めているように何ら問題のない表現活動である。また、そうした見解を有していることが明らかになっていたために、法案反対集会のシンポジウムにパネリストとして招かれ、法案に対する意見を開陳することも、「積極的な政治運動」にはあたらないであろう。それに対して、法案反対運動の連絡会議の幹部を務め、反対運動を主導するというようなことになって初めて

「積極的に政治運動をすること」にあたる、というべきである。

寺西さんは、集会で、「こんな憲法違反の法案を葬るために一緒に頑張りましょう」、と発言したわけではない。寺西さんの問題の発言は、①当初、シンポジウムにパネリストとして参加する予定であった、②事前に地裁所長から集会に参加すれば懲戒処分もありうるとの警告を受けたため、パネリストとしての参加は取りやめた、③仮に法案に反対の立場で発言しても、裁判所法に定める積極的な政治運動にあたるとは考えない、④パネリストとしての発言は辞退する、というものである。前記のような理解からすれば、こうした発言をしたことが「積極的に政治運動をすること」にあたるとは到底いえない。

さらに、「積極的に政治運動をすること」を、最高裁のように、「組織的、計画的又は継続的な政治上の活動を能動的に行う行為であって、裁判官の独立及び中立・公正を害するおそれがあるもの」と解したとしても、最高裁が寺西さんの集会での発言がそれにあたるとしたことには、大いに疑問がある。寺西さんの発言から、自分が法案に反対であるという考えをもっていること、法案反対運動にシンパシーをもっていることくらいはうかがえないでもないが、これが「組織的、計画的又は継続的な政治上の活動を能動的に行う行為」である、というのはあまりにも大げさな認定であろう。

この程度の発言が「積極的に政治運動をすること」にあたり戒告の懲戒処分を受けるという

のでは、裁判官は、政治的な意味をもちそうな発言をほとんどできなくなってしまうであろう。河合伸一裁判官の反対意見が指摘するように、裁判官は、裁判所の外の事象にも常に積極的な関心を絶やさず、広い視野をもってこれを理解し、高い識見を備える努力を続けなくてはならないのに、これでは、特に若い裁判官が自主、独立、積極的な気概をもつ裁判官に育つのが阻害されるのではないかと危惧される。

## 7　裁判官は聖人君子であるべきか？

この章の最後に、裁判官の表現の自由に関する最近の事例である岡口基一裁判官をめぐる事件を取り上げる。ここでは、裁判官の政治的な中立性が問題となっているわけではないが、裁判官の外見の維持が問題となっているという点で寺西裁判官事件と共通している。

**岡口裁判官戒告第一事件**

岡口さんは、民事裁判において勝訴するために原告、被告がそれぞれどのような主張をしなければならないかに関する理論である「要件事実論」の研究の第一人者であって、『要件事実マニュアル上・下』(ぎょうせい)といった著書もある理論家はただの裁判官であったが、一方、早くからＳＮＳ（ソーシャル・ネットワーキング・サービス）を利用し、情報発信をしてきた。ややおふざけ的なＳＮＳ投稿もしており、ブリーフ姿の写真もアップしたことから「ブリーフ判事」として知られていた。そして、この写真の投稿についてではないが、ＳＮＳへの投稿をめぐって、二回、所属していた高等裁判所の長官から厳重注意を受けてもいた。そうした中、東京高裁の判事であった際に、ついにツイッター（現在のX）への民事訴訟を紹介する投稿を理由に最高裁判所から戒告の懲戒処分を受けた（岡口裁判官戒告第一事件決定・最高裁二〇一八［平成三〇］年一〇月一七日大法廷決定。なお、高等裁判所の裁判官は、最高裁判所によって懲戒される）。

これは、ツイッターで、判決が下されて確定した事件である犬の返還請求等に関する民事訴訟を、「公園に放置されていた犬を保護し育てていたら、３か月くらい経って、もとの飼い主が名乗り出てきて、「返して下さい」／え？　あなた？　この犬を捨てたんでしょ？　３か月も放置しておきながら・・／裁判の結果は・・」（「／」は改行）と簡単に紹介しつつ、当該訴訟についての記事を閲覧することができるウェブサイトにリンクを張ったものである。

先に見たように裁判所法四九条が定める裁判官の懲戒事由は、職務義務違反・職務懈怠と品位を辱める行状であるが、この決定で、最高裁は、「品位を辱める行状」とは、「職務上の行為であると、純然たる私的行為であるとを問わず、およそ裁判官に対する国民の信頼を損ね、又は裁判の公正を疑わせるような言動をいう」と、その定義を示した。その上で、最高裁は、このツイッター記事を、「判決が確定した担当外の民事訴訟事件に関し、その内容を十分に検討した形跡を示さず、表面的な情報のみを掲げて、私人である当該訴訟の原告が訴えを提起したことが不当であるとする一方的な評価を不特定多数の閲覧者に公然と伝えたもの」と捉えた。そして、「裁判官が、その職務を行うについて、表面的かつ一方的な情報や理解のみに基づき予断をもって判断をするのではないかという疑念を国民に与えるとともに、……裁判を受ける権利を保障された私人である上記原告の訴訟提起行為を一方的に不当とする認識ないし評価を示すことで、当該原告の感情を傷つけるものであり、裁判官に対する国民の信頼を損ね、また裁判の公正を疑わせるものでもあるといわざるを得ない」と評価し、「品位を辱める行状」にあたるとしたのであった。

しかしながら、問題のツイッター記事は、犬の返還請求訴訟の提起を直接批判してはいない。確かに、「え？ あなた？ この犬を捨てたんでしょ？ 3か月も放置しておきながら・・」という表現には、訴訟提起に対する「驚きと疑問」が感じられる。しかし、これは、すぐ前の「返して下さい」という部分に続くものであること、「あなた？」という相手方に直接呼びかける表現が用いられていることからして、犬の返還を求められた側(当該訴訟の被告)の驚きと疑問を書いているものと理解するのが自然であろう。そのすぐ後で、原告勝訴に終わった判決につき特に批判的な表現をすることなく、「裁判の結果は・・」と記して判決を紹介する記事に誘導していることからしても、このツイートを岡口さんの意見、評価を述べたものと解するのは困難である。このように、このツイートが当該訴訟の原告が訴えを提起したことが不当であるとする一方的な評価を伝えたものと受け止めざるをえないという認定には、説得力がない。

さらに、裁判官が自己の担当外の訴訟について実状をよく知らないのに批判的な紹介をしたとしても、だからといって、裁判官が、その職務を行うについて、表面的かつ一方的な情報や理解のみに基づき予断をもって判断をするのではないかという疑念を国民に与えることになるか否かも疑わしい。

山本庸幸裁判官ら三裁判官の補足意見は、岡口さんがこれまでツイッター記事にかかわって二回の厳重注意を受けていることを指摘し、「本件ツイートは、いわば「the last straw」(ラクダの背に限度いっぱいの荷が載せられているときは、麦わら一本積み増しても、重みに耐えかねて背中が折れてしまうという話から、限界を超えさせるものの例え)ともいうべきものであろう」と指摘している。ここからは、補足意見が本件ツイートを「麦わら一本」程度のものと捉えていることがうかがえ、本件ツイート自体が「品位を辱める行状」と認定するほどのものか疑わしいことを示している。

以上見てきたように、岡口さんのツイッター記事が「品位を辱める行状」にあたると認定することには相当な無理があったといわざるをえない。

## 岡口裁判官戒告第二事件

岡口さんが一回目の戒告を受ける以前に厳重注意を受けたSNS投稿の一つが、ツイッターでの、性犯罪刑事事件(強盗殺人および強盗強姦未遂事件)控訴審判決を紹介する投稿であった。これは、当該東京高裁判決を閲覧することができる裁判所ウェブサイトのURLとともに、「首を絞められて苦しむ女性の姿に性的興奮を覚える性癖を持った男」などの文言を記載した投稿をしたものである。その後、当該事件の遺族は岡口裁判官について裁判官訴追委員会に訴追請求を行うに至った。それに対して、岡口さん(当時は仙台高裁判事)は、フェイスブックの自己のアカウントに、遺族による裁判官訴追委員会への訴追請求などに言及する投稿をした際に、遺族が自分を非難するよう東京高裁事務局および毎日新聞に洗脳されている旨の表現を用いたために、二回目の戒告を受けることとなった(岡口裁判官戒告第二事件決定・最高裁二〇二〇[令和二]年八月二六日大法廷決定)。

最高裁は、「本件投稿の表現は、あたかも本件遺族が自ら判断をする能力がなく、東京高裁事務局等の思惑どおりに不合理な非難を続けている人物であるかのような印象を与える侮辱的なものであって、本件投稿をした被申立人[岡口裁判官]の行為は、……本件遺族の心情を更に傷つけるものであり、犯罪被害者遺族の副次的な被害を拡大させるものである。そして、……

被申立人の上記行為は、被申立人は犯罪被害者やその遺族の心情を理解し、配慮することのできない裁判官ではないかとの疑念を広く抱かせるに足りるものである」として、裁判官に対する国民の信頼を損ねる言動であって、「品位を辱める行状」にあたると認定している。

確かに、この第二事件決定がいうように、「洗脳されている」という表現には、「自ら判断をする能力がなく」他人「の思惑どおりに不合理な非難を続けている人物であるかのような印象を与える」面がある。その点で、その人の社会的評価を下げ、名誉感情を損なうものではある。しかし、「Aさんはカルト教団Bに洗脳されている」と指摘した場合を例として挙げればわかるように、「洗脳されている」という表現には、当該人物が洗脳されている被害者であるというニュアンスや、洗脳した者に対する非難のニュアンスが強い。そうすると、「洗脳されている」という表現は、それだけで直ちに「洗脳されている」とされた人に対する侮辱として許されない表現であるとはいいがたい。許されない侮辱にあたるかどうかの判断には、その表現をめぐる諸般の事情を考慮することが必要なのである。

岡口さんは、問題の投稿の数日後に、フェイスブックの自己のアカウントにおいて、「『性犯罪に関する判決は公開しないとの』内規に違反する判決書の公開をしたのは東京高裁であるにもかかわらず、東京高裁のことは一切批判されずに、そのリンクを貼った私を『罷免を求める』署名運動までして批判される理由がどうしてもわからず、みなさまが、第三者から変なことを吹き込まれているのではないかと思い、「洗脳されている」というような表現をしてしまいました」と釈明し、遺族に対して謝罪している。ここから、「洗脳されている」という表現が、なぜ自分だけが遺族から執拗に批判されるのかが理解できないことによる戸惑いからなされたものであることがうかがわれる。また、それとともに自分を窮地に陥れていると疑われる東京高裁に対する批判も込められている。とすると、こうした「洗脳されている」という表現がなされた状況を考慮すれば、問題のフェイスブックの投稿は、侮辱として不法行為となり損害賠償責任を発生させるようなものではないと思われる。

しかし、当該遺族が名誉毀損にあたるとして岡口さんに対して損害賠償を求めた訴訟において、東京地裁は、このフェイスブックへの投稿が不法行為にあたるとして、岡口さんに対して四四万円を支払うことを命じた(東京地裁二〇二三[令和五]年一月二七日判決)(5)。この東京地裁判決は、最高裁の戒告第二事件決定とは異なり、問題の投稿の全体の文脈や、原告である遺族が自己の主体的意思に基づき岡口さんへの抗議等を行ってきていると認められることなどを考慮して不法行為にあたるとしている。しかし、当該投稿の文脈を適切に考慮するのであれば、それが遺族を批判し貶める趣旨のものでなく、それゆえ、名誉毀損としての不法行為責任を発生させるものではないと判断されるべきであった。

ただ、不法行為ではないとしても、裁判官が他人に対して「洗脳されている」という侮辱的表現を用いることが、裁判官に対する国民の信頼を損ねる言動として「品位を辱める行状」にあたるかが、問題となる。ここで問題とされているのは自己を裁判官訴追委員会に訴追請求した人について裁判官が行った表現である。判決の拡散を理由に訴追請求したことが不当であると反論すること自体、十中八九、「本件遺族の心情を更に傷つけるものであり、犯罪被害者遺族の副次的な被害を拡大させる」ことになるであろうが、それがゆえに当該裁判官が批判されるべきではなく、「犯罪被害者やその遺族の心情を理解し、配慮することのできない裁判官ではないかとの疑念を広く抱かせる」と評価すべきではない。とすると「洗脳されている」という表現がことさらに遺族の心情を傷つけるものかどうかが鍵となるが、先に見たような「洗脳されている」という表現の意味や当該表現の文脈などからして、そこまでの評価ができるのか疑問がある。

「洗脳されている」という表現だけではなく、その文脈をも踏まえた慎重な判断をすれば、岡口さんの問題のフェイスブックへの投稿は、裁判官に対する国民の信頼を損ねる言動、「品位を辱める行状」にあたらない、ということになったはずである。

**岡口裁判官弾劾裁判事件**

その後、岡口さんは、二〇二一年六月に、厳重注意の対象となった性犯罪刑事事件判決の紹介投稿から始まり、二回目の戒告の対象となった「洗脳」投稿に至る言動(刑事事件関係言動)と、一回目の戒告の対象となった犬返還請求訴訟の紹介投稿とそれに関係する言動(犬事件関係言動)が、弾劾事由である「裁判官としての威信を著しく失うべき非行」にあたるとして、弾劾裁判所に訴追されるに至った。

裁判官に対する弾劾は、国会の両議院の議員で組織された弾劾裁判所によってなされる(憲法六四条)。裁判官は、「職務上の義務に著しく違反し、又は職務を甚だしく怠ったとき」、または、「その他職務の内外を問わず、裁判官としての威信を著しく失うべき非行があったとき」、弾劾によって罷免される(裁判官弾劾法二条)。弾劾裁判は、弾劾裁判所が裁判官訴追委員会からの訴追を受けて行う。裁判官訴追委員会は、衆議院議員、参議院議員各一〇名の委員から構成される(同法五条一項)。弾劾裁判所は、衆議院議員、参議院議員各七名、計一四名の裁判員によって構成されるが(同法一六条一項)、弾劾裁判は、公開の法廷で、刑事訴訟法の規定を準用して行われる(同法二二条以下)。弾劾裁判所が罷免の裁判をするためには、審理に関与した裁判員の三分の二以上の多数の意見によらねばならない(同法三一条二項ただし書)。裁判官は罷免の裁判の宣告によって罷免される(同法三七条)。罷免された裁判官は、法曹資格を喪失し、弁護士になることもできなくなる(弁護士法七条二号)。岡口さんが訴追されるまで弾劾裁判が行われたのは九件であり、うち七件で罷免されているが、最近、罷免された裁判官は、みな収賄や児童買春などで有罪となった者ばかりであり、これまで表現活動を理由に訴追された例はなかった。

以上のように、岡口さんが戒告の懲戒処分を受けたSNSの投稿が懲戒事由にあたるとした最高裁の判断には疑問がある。とすれば、それらを含む岡口さんの一連のSNSへの投稿などが、弾劾事由である「裁判官としての威信を著しく失うべき非行」にあたるとは到底いえないはずである。それゆえ、弾劾裁判所には、裁判官に対して表現の自由が保障されることとの意義を踏まえた慎重な審理をし、その結果、罷免事由にあたらないとの判断をすることが期待された。

しかしながら、弾劾裁判所は、二〇二四年四月、一連の刑事事件関係言動を理由に「著しい非行」があったとして、岡口裁判官を罷免する判決をくだした(6)。判決は、最初の刑事事件判決紹介投稿について、興味本位で判決を閲読する者を誘引する意図があったものではなく、遺族を傷つける意図もなかったとしているし、「洗脳」投稿その他の言動についても、遺族を傷つける意図を認定していない。にもかかわらず、判決は、刑事事件関係言動が「結果として」遺族の感情を傷つけたことを問題視している。判決は、「国民の信託に対する背反」が認められる場合に限り、裁判官の「非行」が罷免すべきほど「著しい」ものと評価されるとしているが、なぜ悪質な意図はないとする岡口さんの言動がそうした場合にあたるのか十分説明されているとはいいがたい。弾劾裁判が、裁判官の言動の責任を追及する場ではなく、裁判官の「人格」を問題とする「人格裁判」となってしまっているのである。

## 裁判官に「聖人君子」として振る舞うことを求める意味

岡口さんに対する戒告処分と罷免判決からは、最高裁や弾劾裁判所が、裁判所の存立と活動にとって不可欠な裁判および裁判所に対する国民の信頼を確保するために、裁判官に対する国民の信頼も必要であるという考えから、国民の信頼を損ねないよう、裁判官にはその私生活においても配慮することを求めているのだと理解できる。これは、結局、裁判官に対して、「賢明で公平無私」という「聖人君子」としての裁判官(多くの国民が「こんな人の裁判ならその結果も信頼できる」と感じるような裁判官)のイメージを崩さないように私生活を送ることを求めるものであろう。とすると、裁判官は一般人が裁判官にいだくイメージに沿うようにしか私生活を送れないことになるが、この裁判官イメージも不確かで人によって違いがあること、さらに、インターネット時代、SNS時代の今日、目立たぬように送っていたはずの私生活もいつその行動がインターネットで拡散され、批判を受け「炎上」してしまうかわからないことを考えると、裁判官は目立たぬよう息を殺して生活していかなければならなくなるであろう。裁判官としては、広い範囲の私生活上の行動が問題とされる可能性があるため、その私生活上の行動を大幅に自粛せざるをえないのである。

しかし、裁判官に対する表現の自由の保障は、裁判官の人権の問題にとどまらず、適切な裁判の実現にとっても意義を有することに留意すべきである。まず、市民的自由を行使していない裁判官が、一般国民の市民的自由が侵害されているという主張に対して市民的自由の重要性を踏まえて判断を下すことができるのであろうか。しかし、ことは、裁判所によって適切に市民的自由の擁護がなされにくくなるというだけではなく、裁判全体の問題である。およそ裁判は浮世のもめ事を裁くものであるのに、浮世から超絶した裁判官がそうした浮世のもめ事を裁けるのであろうか。裁判官の市民的自由や私生活を過度に抑制するならば、市民感覚を有した、また、人間と社会に対する十分な洞察力をもった裁判官は育たないであろう。

（1）二〇二二年の改正までは三年以下の懲役または一〇〇万円以下の罰金とされていた（一一〇条一項一九号）。また、二〇二五年六月から「懲役」「禁錮」が「拘禁刑」となることになっている。
（2）大阪市「職員の政治的行為の制限に関する条例」（二〇一二年）、大阪府「職員の政治的行為の制限に関する条例」（二〇一三年）。
（3）平井たくや衆議院議員の質問主意書に対する内閣の二〇一二年六月一九日付答弁書。
（4）徳島市公安条例事件判決・最高裁一九七五［昭和五〇］年九月一〇日大法廷判決。
（5）控訴を受けた東京高裁はこの東京地裁の判断を支持した。朝日新聞デジタル二〇二四年一月一七日「岡口判事、別の投稿も「不法行為」 賠償額は維持、東京高裁判決」参照。

（6） 判決は「不当な訴追から岡口基一裁判官を守る会」のホームページ（https://okaguchi.net/?page_id=2075）に掲載されている。

# 第三章

# 表現活動への「援助」

## 1　パブリック・フォーラムの利用拒否

### 姫路市「ひめじ駅前文化祭」事件

第一章の5で確認したように、市民会館等の地方公共団体の施設の利用拒否を表現活動・集会への「援助」の拒否と捉えるべきではない。市民会館等の地方公共団体の「公の施設」(地方自治法二四四条一項)は、表現活動・集会の場であるパブリック・フォーラムであって、住民はそこで表現活動・集会を行う自由を有しており、正当な理由なく利用を拒否されれば表現の自由・集会の自由の侵害にあたり、憲法二一条一項に違反することになる。住民は、こうしたパブリック・フォーラムたる「公の施設」で政治的な主張を行い、また、政治的な主張を伴う集会を開催することができるのであって、地方公共団体が「政治的な主張」をする集会であることを理由に「公の施設」の利用を拒否することは認められない。

しかし、「政治的である」として「公の施設」の利用を不当に拒否した例がないわけではない。二〇一五年には、姫路駅北にぎわい交流広場の管理運営を委託された一般社団法人ひとネットワークひめじのU職員が、政権批判に及んだ「ひめじ駅前文化祭」を強制的に終了させるということが起こった。

この「ひめじ駅前文化祭」は、西播地域労働組合総連合という西播磨地域の労働組合の連合組織が姫路市の使用許可を得て、姫路駅北にぎわい交流広場において、西播磨地域の文化団体の活動発表会として開いたものであるが、そこでの活動発表の中には、当時、大きな反対運動がなされていた「新安保法制」案（平和安全法制関連二法案）を批判するものも含まれていた。当時、「アベ政治を許さない」が反対運動のスローガンであり、その年の「ユーキャン新語・流行語大賞」のトップテンにも選ばれたのだが、当該職員は、主催者側に対して、「政治的、宗教的なことに使ってもらっては困る。外さないと使用させることはできない」、「そんなことするなら電源を落とす」といって、舞台後方の手すりに掲示されていた「アベ政治を許さない」というポスターを外させ、参加者への当該ポスターの配布をやめさせた。その結果、主催者側は、合唱団が歌の最後に「アベ政治を許さない」のポスターを掲げることを断念した。しかし、民族歌舞団が、安倍首相、オバマ米国大統領、翁長沖縄県知事らの似顔絵が描かれた面を交互につけ、三線と太鼓での演奏のもとで、それぞれの立場からの発言を行い、そうした発言を通じて辺野古新基地建設反対と「新安保法制」案反対を訴える『面踊り／『沖縄』辺野古の新基地建設反対！　戦争法案絶対反対！の巻』を行ったところ、当該職員が、使用不許可事由である「公の秩序を乱し、又は善良な風俗を害するおそれがあると認める場合」にあたり、「広場の設置の趣旨に合わない」として、集会を中止させたのであった。

しかし、姫路駅北にぎわい交流広場はパブリック・フォーラムである「公の施設」であって、「政治的な表現」がなされるということを理由にそこでの表現活動を制限したり、集会を禁止することは、地方自治法に違反し、憲法二一条一項に違反する。こうした憲法違反の集会禁止は、姫路駅北にぎわい交流広場の管理運営を委託された一般社団法人ひとネットワークひめじのU職員の暴走ではなかった。当該職員は、姫路市の職員と電話で連絡を取り合っていたことが主催者側に目撃されているし、実際、集会が中止させられた直後に姫路市の姫路駅周辺整備室のN参事ら数名の市職員が駆けつけてきて、「理由は面踊り、安倍批判があったこと。個人を批判している」などと、中止の理由についてはともかく、中止の判断自体は適正であると発言している。それゆえ、「ひめじ駅前文化祭」を中止させたのは、姫路市側の意向に沿ってのものであると見るべきであろう。姫路市の側は、「新安保法制」案が深刻な政治問題になっている中、姫路駅北にぎわい交流広場という屋外の施設で政権批判、それも安倍首相らに対して揶揄的な批判がなされることによって、政府・与党あるいはそれを支持する市民らに対して、姫路市がそうした政権批判に便宜を図っているとか、協力しているといった印象を与えることを危惧して、過剰反応をしたのではないか、と推測される。

しかし、こうした対応は全く不当、憲法違反であったといわざるをえない。パブリック・フォーラムである「公の施設」では、どのような内容の表現・集会も認められるのが原則であり、「新安保法制」案批判であれ、「新安保法制」案支持であれ、どのような政治的な主張をすることも認められる。そのような場として「公の施設」は設置されたのであり、地方公共団体がそこでなされる政治的主張を支持したとか、それに便宜を図ったということにはならない。「公の施設」については、地方公共団体が「政治的である」とか、「政治的に中立でない」とか、「市の政治的中立性を害する」などとして、そこでの集会・表現活動を制限することは、憲法上許されないのである。

結局、この事件では、主催者である労働組合は、「ひめじ駅前文化祭」を中止させたことは憲法、地方自治法に違反するとして、姫路市を相手取って損害賠償を請求する国家賠償訴訟を提起したが、姫路市が非を認めて謝罪したため、訴訟は取り下げられた。現在の判例を前提としても、姫路市が勝訴する見込みは全くなかったのである。

**都市公園では政治集会も自由にできる**

次に、判決の中で、「公の施設」である公園の利用を「政治活動」であることを理由に拒否することは許されないことが明らかにされた松原中央公園事件を紹介しておこう。

これは、大阪府松原市内の商工業者を会員とし、中小業者の営業と生活の繁栄を図ることを目的とする団体である「松原民主商工会」が、二〇一四年に、その創立五〇周年にあたり「松原民商・松原市民健康まつり」を開催するために松原中央公園の使用許可申請をしたところ、松原市に不許可とされたというものである。

この松原中央公園は、松原市が市の中心部の市役所、文化会館、図書館、体育館等の公共施設がある地区に、都市公園法上の都市公園として設置した「公の施設」である。同公園は一・二ヘクタールほどの広さがあり、その内部にはそれなりの広さの各種広場が設けられている。市のホームページにおいても、多くのイベントが開催される公共施設に隣接した公園として広く紹介され、実際にこの広場等を利用する多数の催しが実施されてきていた。それにもかかわらず、松原市は、「松原民商・松原市民健康まつり」が特定の団体の宣伝にあたるので、市が後援しないとして、使用を拒否したのであった。確かに、松原市では市が後援しない使用を拒否できることになっていたのであるが、その仕組みはやや込み入っている。

まず、松原中央公園は「公の施設」であるので、管理条例が制定されており、当該条例には、市長は「公園の管理上支障があると市長が認めるとき」は公園の全部または一部を独占して利用することを許可しないとの定めがあった。松原市は、市長が松原中央公園の使用許可を判断するための審査基準(行政機関による判断のための内部的な基準)として松原市都市公園行為許可審査基準を定めていたが、この審査基準では、市の協賛・後援の許可を受けたものであって、

「政治的又は宗教的な活動を行うこと」、「私的な利益を目的とするもの」、「公共の福祉又は公序良俗に反するもの」のいずれにも該当しないものに対して許可を与える、とされていた。そして、松原市後援等名義の使用承認および市長賞の授与に関する要綱（後援等承認要綱）は、「事業の目的及び内容が、市の推進する事務又は事業に関連するものであって、公共の福祉に寄与するものであること」などの要件を満たすと認められる事業に対して市の後援等の名義の使用を認めるとしていた。ただし、事業が「政治的又は宗教的活動に関するもの」、「特定の主義主張の浸透を図ることを目的とするもの」、「公序良俗に反するもの又はそのおそれのあるもの」、「主に営利又は商業宣伝を目的とするもの」、「特定の団体の宣伝又は売名を目的とするもの」等のいずれかに該当する場合には、後援等名義の使用を認めない、とされていた。

松原民主商工会から松原中央公園の使用許可申請を受けた松原市長は、まず、「本件まつりに係る事業については、特定の団体〔松原民主商工会〕から収入が計上され、また、特定の団体が主となって開催される事業であり、主催団体の宣伝又は売名を目的とするものと類推されるおそれがある」として、後援等名義の使用を不承認とする決定をした上で、市の後援等承認がない本件まつりにつき公園の使用を許可することは、公園の管理上支障があるとして、不許可とする決定をしたのであった。

読者の皆さんは、この「市が後援しない催しに公園を使用させれば、公園の管理上支障が生ずる」という松原市の理屈になかなか納得できないのではないかと思う。確かに、パブリック・フォーラムたる「公の施設」であっても、それを使用させることに本当に管理上の重大な支障があるのであれば、地方公共団体が使用を拒否することは認められるであろう。しかし、市の後援を得ていない集会をすると公園の管理に支障が生ずるというのは理解しがたい。また、特定の団体の宣伝・売名を目的とする集会をすると公園の管理に支障が生ずるというのも理解が難しい。松原市は、民主商工会という革新系の団体の「創立五〇周年」記念のお祭りを公園で開催することを認めると、市が当該団体の宣伝に手を貸すことになるのではないか、あるいは、市が当該団体を支持している、当該団体に便宜を図っていると市民に受け止められるのではないかと、危惧したのではないかとも思われる。こうした危惧自体、正当なものとはいいがたいが、市は、こうした危惧を——それとは全く関係のない——「管理上の支障」に強引に結びつけて使用許可を与えなかったのではないかと推測される。

## 「公園の管理上の支障」と市の後援

公園の使用が不許可となった松原民主商工会は、市長による公園使用不許可決定は違法であるとして、市を相手取って損害賠償を求める訴訟を提起した。その訴訟で、市は、松原中央公園が市の中心部にある比較的小規模な公園であることを理由に、その本来の目的は近隣住民の憩い（休憩、散歩、遊技、運動等）のための利用（随時利用）に供されることであり、集会や祭りなどのために公園を独占的に利用すること（独占的利用）は公園の本来の目的ではないとし、独占的利用を認めるものを市が後援をするものに限ることによって、公共の福祉に寄与し、かつ、管理上の支障をもたらさない場合にのみ、認めることにしたのだ、と説明した。ただ、市は、後援等承認要綱が後援等名義の使用を認めないとしている事由が本件公園の設置目的に反するなどの理由により管理上の支障を生じさせる事情となるものにあたるとしているのだが、なぜ「政治的又は宗教的活動に関するもの」、「特定の主義主張の浸透を図ることを目的とするもの」、「公序良俗に反するもの又はそのおそれのあるもの」、「主に営利又は商業宣伝を目的とするもの」、「特定の団体の宣伝又は売名を目的とするもの」といった場合に、公園の管理上の支障が生ずるのか十分な説明はなされていない。

どうやら、市は「公園の管理上の支障」を非常に緩やかに、あるいは広く捉えているようである。市は、独占的な利用による公園管理上の支障の有無や程度等は、松原中央公園については、その本来の利用である、近隣住民を中心とした一般市民の自由な随時利用を確保する必要があることを前提に判断されなければならないとしている。そこから、「公園の独占的な利用は、本来、不許可事由である「公園管理上の支障」をもたらすものなのだが、市が後援するほどの公益性をもつような場合にのみ「公園管理上の支障」がないと判断すべきだ」という趣旨のように理解できる。あるいは、十分な公益性をもたない独占的な利用を認めた結果、〈十分な公益性のある場合にのみ独占的な利用を認め、それ以外は随時利用を保障する〉という管理方針が貫けなくなることを「公園管理上の支障」と考えていたのかもしれない。

### 松原中央公園事件についての裁判所の判断

しかし、裁判所は、このような松原市の緩やかな、あるいは広い「公園管理上の支障」の捉え方を認めなかった。第一審の大阪地裁堺支部は、「松原民商・松原市民健康まつり」が、これまで開催を認められてきた集会以上に随時利用に支障を及ぼすかを問題にし、公園の管理上の支障をもたらすとしてなされた使用不許可は違法であるとし、市に九〇万六二〇〇円の損害賠償を行うことを命じた(大阪地裁堺支部二〇一六〔平成二八〕年一一月一五日判決)。

第一審判決はまず、先に見たように、松原中央公園は、市の中心部の公共施設がある地区に設置されたものであり、一・二ヘクタールほどの広さがあり、その内部にはそれなりの広さの各種広場が設けられていて、市のホームページにおいても、多くのイベントが開催される公共施設に隣接した公園として広く紹介され、実際にこの広場等を利用する多数の催しが実施されてきていたことを指摘する。その上で、本件公園を集会による使用に供することは、本件公園の公の施設の使命として、当然に想定されているというべきであるとする。そうして、第一章

5で紹介した泉佐野市民会館事件判決(最高裁一九九五[平成七]年三月七日第三小法廷判決)に照らして、「公園の管理上支障があると市長が認めるとき」を本件公園の使用を許可しない事由としている公園管理条例の定めは、公園の管理上支障が生ずるとの事態が、許可権者の主観により予測されるだけでなく、客観的な事実に照らして具体的に明らかに予測される場合に初めて、本件公園の使用を許可しないことができることを定めたものと解すべきであるという。そこで、本件の「松原民商・松原市民健康まつり」が公園の管理上の支障をもたらすという事態が、客観的な事実に照らして具体的に明らかに予測されるかを検討すべきことになる。

そして、第一審判決は、松原民主商工会が一〇年前にも同様の催しを当該公園で特に問題なく開催しており、今回の企画もその一〇年前の経験を踏まえて立案されたものと思われるし、本件まつりが随時利用に対してもたらす支障は、本件公園において実施されてきたその他の催しにおいても必然的に生じてきたものと思われ、本件まつりに特有のものではないという。つまり、「松原民商・松原市民健康まつり」が市がいうような松原民主商工会の宣伝または売名を目的とするものであったとしても、随時利用への支障が、他の催しに比べて特に大きいと認めることはできない、というわけである。そうすると、判決は、本件まつりによる使用に供することに伴う随時利用への支障が、集会による使用に供する場合において当然生ずる支障として通常想定される範囲を超えるものであるとは認められないから、本件公園を本件まつりによる使用に供することに伴って、随時利用への支障が一定程度生ずるとしても、このことをもって、公園の管理上支障が生ずるということはできないと結論づけた。

また、第一審判決は、市が公園使用許可にあたり市の後援等承認を必要としていることについて、後援等承認をする要件が、必ずしも、条例上の不許可事由である公園の管理上支障があることを示すものとはいえないばかりか、「公の施設である公園の使用の許否を決するに当たり、集会の目的や集会を主催する団体の性格そのものを理由として、使用を許可せず、あるいは不当に差別的に取り扱うこととなる危険性をはらむ余地があり、その運用次第では、問題がある仕組みである」と批判している。この事件の経緯に照らして当然の批判であるといえよう。

市は控訴したが、控訴審である大阪高裁も第一審判決を支持し(大阪高裁二〇一七[平成二九]年七月一四日判決)、市が上告しなかったので、この訴訟では市の不許可処分が違法であることが確定した。控訴審判決で注目されるのは、後援等をしない要件となる「政治的又は宗教的活動に関するもの」、「特定の団体の宣伝又は売名を目的とするもの」等というのは、これらに該当すれば、一般市民が本件公園を随時利用する上で支障があることになるものでもないのであるから、後援等承認をする要件は、公園の管理上支障があることを示すものとはいえない、と明確に述べている点である。つまり、「政治的又は宗教的活動に関するもの」、「特定の団体の宣伝又は売名を目的とするもの」であるということは、公園の管理上の支障をもたらすかどうかとは関係のない事情であるから、政治的な集会であるということを理由に「公園の管理上の支障」が生ずるとして公園の利用を拒否することはできない、ということになる。このように都市公園の場合も、「公の施設」である以上、地方公共団体が政治的な集会・表現活動がなされることを理由に利用を拒否することは、憲法に照らして許されないのである。

## 2　パネル展はパブリック・フォーラムか？

### 高槻市パネル展事件

次に、「公の施設」でなく、一部の人たちにのみ開かれた表現活動の場を作った場合にも、「政治的である」ということを理由にその利用を制限することは許されないことを明らかにした高槻市パネル展事件を紹介したい。

高槻市は、「世代及び性別を超えた市民相互の交流を推進することにより、女性、青少年その他市民の諸活動を促進し、もって生活文化の向上に資するため」の「公の施設」として、高槻市立総合市民交流センターを設置している（高槻市立総合市民交流センター条例一条）。高槻市立総合市民交流センターは、一フロアはそれほど広くないものの九階建ての施設であり、市民が交流できる各種貸室のほか、女性センター（現在の名称は男女共同参画センター）や青少年センターなどが併設されている。高槻市は、高槻市における女性問題の解決に取り組む団体の活動の安定および向上を図ることを目的として「高槻市立女性センター利用者団体登録要綱」を制定し、同要綱に定められた登録要件に基づいて承認した登録団体に対して女性センター利用に関する支援を行っていた。そうした中で、一九九九年六月一二日から三日間、女性センターにおいて「男女共生フェスティバル」を開催し、その一環として女性センター利用者登録団体による活動交流パネル展を企画・実施することになった。

そこで、女性センターの登録団体であった「暮らしの中から政治を変える女たちの会」のメンバーは、男女共生フェスティバル前日の六月一一日に、活動交流パネル展の準備として、指定された場所に、模造紙四枚にわたる展示物の展示を行った。その展示内容は、半分が「暮らしの中から政治を変える女たちの会」の趣旨、目的と活動内容、残りの半分が高槻市会議員の公費出張費返還を求める住民訴訟において大阪高裁で返還を命じる判決があったことを報道する新聞記事と訴訟に至る経緯等の活動報告であった。同日の夕方近くになって、女性センターのM所長と高槻市のK女性政策課長が「暮らしの中から政治を変える女たちの会」の展示物の一部が問題であると判断し、高槻市のI市民文化部長に相談した。その上で、M所長が午後七時半ころ「暮らしの中から政治を変える女たちの会」の代表者であるHさんに電話で、「活動内容全体がわかるような展示にしてもらいたい。展示の一部がパネル展の趣旨にあわないので、展示内容を変更してもらいたい」と告げた。それに対して、Ｈさんは「このまま展示してもらいたい」と述べたが、Ｋ課長から「変更してもらえないのであれば、展示物の一部をはずす」と伝えられたので、「世話人の人たちと連絡を取った上、明朝九時までに再度連絡をする」と述べていた。

しかし、Ｍ所長とＫ課長は、パネル展の開催を翌日に控え、Ｈさんたちと相談する時間的余裕はないと判断し、勝手に展示物の後半部分を取り外し、前半部分を展示箇所中央部へと張り替えてしまった。そこで、「暮らしの中から政治を変える女たちの会」のメンバーたちは、市に対し、展示物の一部を取り外した理由についての説明と謝罪を求めた抗議申入書を提出したが、市から納得のいく説明も謝罪もなかったため、市と、総合市民交流センターの管理を委託されていた財団法人高槻市文化振興事業団に対して損害賠償を求める訴訟を起こした。

## 何が問題とされたのか？

Ｍ所長もＫ課長も、展示物の変更を電話で要請した際に、問題の展示物について、具体的にどの部分がどのような点でパネル展の趣旨にあわないかについての説明をせず、また、政治的中立性を害するおそれがあるという指摘もしていなかった。しかし、後に、市は、①新聞報道だけでは女性問題として取り組む意味がわかりにくく、具体的な活動内容がわかりにくいので、問題の展示物はパネル展の趣旨にあわないと判断したからであるとともに、②問題の展示物の中に団体登録制度の趣旨に反した政治的色彩のある可能性があったためである、と説明した。M所長、K課長がパネル展開催に間に合うように慌てて展示物の半分を撤去したことからして、②が主たる理由であったように思われる。

②は、高槻市立女性センター利用者団体登録要綱が「政治活動を目的としない団体であること」を登録団体の要件としていることを前提としたものである。市の内部の報告書は、「市とセンターの主催事業において市民に不要な疑念を抱かせるものはふさわしくない。係争中の裁判について一方の側からのアピールを行うことは、見る人に主催者の立場を誤解されかねない」としている。このことから、問題の部分(市会議員の公費出張費返還を求める住民訴訟において大阪高裁で返還を命じる判決があったことを報道する新聞記事と訴訟に至る経緯等の活動報告)の展示が、女性センターと高槻市が、市会議員の公費出張費返還を求める住民訴訟を支援しているとの印象を与えることを危惧したように思われる。市会議員たちが立腹し、市長部局との関係が悪化するのを恐れたのかもしれない。

**高槻市パネル展事件における裁判所の判断**

この訴訟において、大阪地裁は、総合市民交流センターが「公の施設」であることから、泉佐野市民会館事件判決の判断枠組みに依拠している。憲法二一条が表現の自由を認めていることからして、高槻市が「管理権行使として当該施設における表現行為を制限しうるのは、他の基本的人権が侵害されたり、公共の福祉が損なわれる危険がある場合に原則的に限られる」が、表現の自由は民主主義の存立の基盤をなす最も重要な基本的人権の一つであって最も尊重されなければならないので、「表現物の撤去が適法と認められるためには、単に危険な事態を生ずる蓋然性があるというだけでは足りず、明らかな差し迫った危険の発生が具体的に予見されることが必要であると解するのが相当である」とした。

そして、大阪地裁は、展示物撤去の理由のうち、①問題の展示物はパネル展の趣旨にあわないという点については、撤去の理由とならないとした。それは、パネル展の趣旨が、高槻市立女性センターの登録団体の日頃の女性問題に関する取組みの成果、活動や研究の成果を発表させることであったのであれば、展示物が「暮らしの中から政治を変える女たちの会」の活動の成果であることには間違いない以上、その活動の全体を記載するか一部を記載するか、記載方法や程度をどのようにするかは本来当該団体が決すべき事項であるからである。さらに、②展示物に政治的色彩があることを理由に撤去行為を正当化することもできないとした。それは、「原告が「甦れ！　高槻市議会―不正乱脈追及市民の会」と共に「高槻市議会不正乱脈出張」に関する「住民訴訟」を提起した」という記載だけでは、すでに報道されている新聞の切り抜きを用いる表現方法であるので、高槻市が訴訟を支援しているかのような誤解を生じさせる記載ということもできないし、政治団体ではない「甦れ！高槻市議会─不正乱脈追及市民の会」との共同の訴訟活動をもって直ちに政治的色彩のおそれがあるともいえないからである。

さらに、大阪地裁は、仮に問題の展示物に政治的中立性が問題となる余地があるとしても、市の側が問題とした部分のみを隠すなどの方法をとることも十分検討しえたし、また、「暮らしの中から政治を変える女たちの会」の内部的な検討を容認するような態度をとりながら、結局時間がないという理由で一方的に撤去をしている点も適正な手続であったとはいえない、とした。こうして、大阪地裁は、展示物の撤去行為は違法であったとして、五五万円の損害賠償を命じ(大阪地裁二〇〇一［平成一三］年一月二三日判決)、市が控訴しなかったため、この地裁判決が確定した。

### 限定的なパブリック・フォーラム

大阪地裁は、泉佐野市民会館事件判決の判断枠組みが妥当するとしているが、この点についてはもう少し説明が必要であったであろう。というのも、ここでは、泉佐野市民会館事件におけるホールのような誰でもが利用できる施設の利用が拒否された事例ではなく、女性センター利用者登録団体のみが参加できる活動交流パネル展での展示物撤去が問題となっていたからである。しかし、判決からは、市が女性センター利用者登録団体が参加できる活動交流パネル展を催すのであれば、登録団体が作成したパネル展示物の中身を不適当であるとしてむやみに撤去したりすることはできないという考え方がうかがえる。つまり、高槻市は、女性センター利用者登録団体による活動交流パネル展を催すことによって、女性センター利用者登録団体に対する表現活動の場を設定したといえるのである。

アメリカ合衆国最高裁判例は、政府が特定のグループや特定のテーマのための表現活動の場として設定した公共施設を「限定的パブリック・フォーラム」と呼び、政府がそこでの当該グループによる表現活動や当該テーマについての表現活動を制限することについては厳しい合憲性の検討がなされるとしている。ここではそれと同様の立場が取られたのである。

「限定的パブリック・フォーラム」といえるような公共施設においては、それが前提としている特定のグループの表現活動や特定のテーマについての表現活動は、特別な事情がない限り認められなければならない。さらに、国や地方公共団体がそうした表現活動の内容をチェックし変更させることも原則として認められない。女性センター利用者登録団体による活動交流パネル展の場合でいえば、登録団体はパネル展への参加が認められねばならず、「活動交流」のためにどのような展示をするかは当該団体に委ねられねばならない。女性の地位向上や男女共同参画を目指す運動は、国や地方公共団体の法令の改正を目指したり、政策の変更を目指したりする以上、それ自体、「政治性」が伴うものであるから、登録団体の活動の報告が多かれ少なかれ「政治的色彩」を有することは避けられないであろう。それゆえ、市が展示物の「政治性」を理由に展示物の撤去、修正を求めうるのは、展示物が当該団体の活動とは全く関係がなく、公職選挙候補者の宣伝に終始しているといった場合や、市が当該団体の政治的な活動を支援していると誤解させるような内容・表現である場合に限られよう。

高槻市会議員の公費出張費返還を求める住民訴訟に取り組むことは、一般的に見て、地方公共団体の条例、政策に関わるものではなく、市議会における党派的な争いに関わるものではない。もっとも、そうした住民訴訟の取組みについての情報は、市議会における旅費等の支出の規制や倫理条例の制定・改正に繋がりうる情報であるという点では「政治性」のある情報ともいえる。しかし、それを展示することが、市が展示物の「政治性」を理由に撤去、修正を求めうる例外的な場合にあたるとは、到底いえないのである。

## 3　公民館だよりへの「九条俳句」掲載の拒否

### 「九条俳句」掲載の拒否

特定の者に認められた表現活動の場からの排除が問題となったものとして、さらに「九条俳句」事件が注目される。

さいたま市大宮区の三橋公民館は、毎月一日、「三橋公民館だより」を発行しており、二〇一〇年一一月から、公民館だよりの裏面の下欄に、三橋地区周辺の住民による「かたばみ三橋俳句会」が選出した秀句を掲載していた。Kさんは二〇一四年六月の句会において、「梅雨空に「九条守れ」の　女性デモ」という俳句を詠んだところ、秀句として選出された。当時、安倍内閣が、憲法九条は集団的自衛権（自国と同盟関係にある他国が侵略された場合にそれを自国への攻撃とみなして反撃する権利）の行使を一部許容するものであると憲法解釈を変更しようとしていた。Kさんは、そうした安倍内閣の憲法解釈変更に反対する女性らの東京都中央区でのデモを見かけて、これに加わったことをきっかけに先の俳句を詠んだのであった。しかし、秀句として選出されたKさんの俳句を受け取った三橋公民館のC主幹は、かたばみ三橋俳句会の代表代行であるLさんに対して、「この俳句は、世論を二分するようなテーマのものであるため、公民館だよりに掲載することはできない」と述べ、代わりに別の俳句を提出できないかと提案したが、Lさんはその提案を断った。そのため、Kさんの俳句は公民館だよりに掲載されないこととなった。

それに対してKさんが、電話でC主幹に対して、俳句を公民館だよりに掲載することができない理由について書面で回答するよう求めたため、三橋公民館は、七月三日、Kさんに対し、館長A名義で、掲載することができない理由を説明する「公民館だよりへの俳句不掲載について」と題する書面（書面1）を渡した。この書面1では、三橋公民館が俳句を公民館だよりに掲載することができないと判断した根拠として、①公民館は特定の政党の利害に関する事業を行うことは禁止されていること、②さいたま市広告掲載基準で、国内世論が大きく分かれているものは広告掲載を行わないとされていることが挙げられており、さらに、俳句の「九条守れ」という文言が公民館の考えであるとの誤解を招く可能性があると記載されていた。

しかし、後に、三橋公民館は、館長A名義で、一二月一〇日付の「「公民館だよりへの俳句不掲載について」の訂正について」と題する書面（書面2）を作成し、俳句不掲載の理由を修正した。そこでは、書面1の①は本件俳句を公民館だよりに掲載することができないとする根拠とはならないこと、②は本件俳句を公民館だよりに掲載することができるか否かの判断にあたって参考としたにすぎないこと、俳句の「九条守れ」という文言が公民館の考えであるとの誤解を招く可能性があるとの記載は不適切であったこと等が記載されており、書面1の理由づけはほぼ撤回されていた。そして、本件俳句を公民館だよりに掲載することができないと判断した理由について、「公民館だよりは、公民館の事業や地域の活動を広報することを目的とし、公共施設である公民館が責任を持って編集・発行している刊行物でありますので、公平中立の立場であるべきとの観点から、掲載することは好ましくないと判断したものです」と記載されていた。

こうした理由で俳句が公民館だよりに不掲載となったことに納得できないKさんは、さいたま市に対して俳句不掲載は違法、違憲であるとして損害賠償を求める訴訟を起こした。

## 第一審判決は?

第一審のさいたま地裁は、俳句不掲載は憲法二一条一項違反ではないが、Kさんの人格権を侵害し違法であるとし、市に対し五万円の損害賠償を命じた(さいたま地裁二〇一七[平成二九]年一〇月一三日判決)。

秀句の公民館だよりへの掲載は、二〇一〇年一〇月に当時の三橋公民館B主幹が、かたばみ三橋俳句会代表のMさんに提案し、それに句会の側が同意して始まったものである。さいたま地裁は、B主幹が秀句掲載の提案をした目的は、公民館だよりの紙面を彩りのあるバラエティに富んだ親しみのあるものにするためであること、また、かたばみ三橋俳句会が、秀句の公民館だよりへの掲載方法、期間、要件ないし体裁等について要望したことはなく、その後も、三橋公民館との間で、これらの事項について取決めをしたことはなかったことなどから、B主幹の提案に基づく秀句掲載の合意は、かたばみ三橋俳句会の会員に秀句掲載を求める法的な権利(掲載請求権)を認めるものではないとした。その上で、特定の表現手段による表現の制限が、表現者の表現の自由を侵害するものというためには、その人がこの表現手段の利用権を有することが必要と解されるという立場から、Kさんには秀句として選ばれた俳句を公民館だよりに掲載することを求める権利はないのだから、公民館だよりへの掲載拒否はKさんの表現の自由を侵害するものではないとした。また、Kさんは公民館だよりに俳句を掲載することを求める権利を有していないのだから、本件公民館だよりがパブリック・フォーラムに該当するともいえない、とした。

このようにさいたま地裁は、俳句不掲載がKさんの表現の自由を侵害するものとは認めなかったが、三橋公民館は、秀句掲載合意に基づき、かたばみ三橋俳句会が提出した秀句を三年八か月にわたり、継続して公民館だよりに掲載してきたのであるから、Kさんが、秀句として選出された自己の俳句も公民館だよりに掲載されると期待するのは当然であるという。そして、こうしたKさんの期待は、著作者の思想の自由、表現の自由が憲法により保障された基本的人権であることにも鑑みると、法的保護に値する人格的利益であると解するのが相当であるから、公務員である三橋公民館の職員らが、著作者であるKさんの思想や信条を理由とするなど不公正な取扱いをした場合、この取扱いは、違法となると解するのが相当である、としている。

その上で、さいたま地裁は、三橋公民館が、書面1で回答した不掲載の理由を後に書面2で撤回するに至っていることからして、俳句を不掲載とするにあたって、公民館の職員らは、掲載することができない理由について十分な検討を行っていなかったと認められるとする。また、本件俳句を公民館だよりに掲載する場合、公民館だよりに句会の名称と作者名が明示されることになっていることからすれば、三橋公民館が、俳句と同じ立場にあるとみられることは考えがたいから、これを掲載することが、直ちに三橋公民館の中立性や公平性・公正性を害するということはできない、と指摘している。また、当時、憲法九条が、集団的自衛権の行使を許容すると解釈すべきかどうかについて、賛否が分かれていたものの、賛成・反対いずれの立場も、憲法九条を守ること自体については一致していたのであるから、Ｋさんの俳句の「九条守れ」との文言が、直ちに世論を二分するものといえるかについても疑問を容れる余地があったのに、三橋公民館の職員らが、この点について検討した形跡もない、としている。

こうして、さいたま地裁は、三橋公民館がＫさんの俳句を公民館だよりに掲載しなかったことに、正当な理由があったということはできず、三橋公民館の職員らは、Ｋさんが、憲法九条は集団的自衛権の行使を許容するものと解釈すべきではないという思想や信条を有しているものと認識し、これを理由として不公正な取扱いをしたというべきである、と結論づけたのであった。

## 控訴審判決は？

市側の控訴を受けた東京高裁も、さいたま地裁と同様に、俳句不掲載はKさんの人格的利益を侵害し違法であるとした（東京高裁二〇一八［平成三〇］年五月一八日判決）。そして、市の最高裁への上告は認められなかったため、Kさんの俳句の不掲載は違法であることが確定した。

東京高裁は、社会教育法上の公民館の位置づけや、社会教育法が掲げる公民館の事業などを指摘し、公民館のこうした「目的、役割及び機能に照らせば、公民館は、住民の教養の向上、生活文化の振興、社会福祉の増進に寄与すること等を目的とする公的な場ということができ、公民館の職員は、公民館が……目的・役割を果たせるように、住民の公民館の利用を通じた社会教育活動の実現につき、これを公正に取り扱うべき職務上の義務を負うものというべきである」、ということから出発する。

そこで、「公民館の職員が、住民の公民館の利用を通じた社会教育活動の一環としてなされた学習成果の発表行為につき、その思想、信条を理由に他の住民と比較して不公正な取扱いをしたときは、その学習成果を発表した住民の思想の自由、表現の自由が憲法上保障された基本的人権であり、最大限尊重されるべきものであることからすると、当該住民の人格的利益を侵害するものとして国家賠償法上違法となるというべきである」、とした。東京高裁は、かたばみ三橋俳句会において秀句として選ばれた俳句の公民館だよりへの掲載を「住民の公民館の利用を通じた社会教育活動の一環としてなされた学習成果の発表行為」と捉えたわけである。

そして、三橋公民館がKさんの俳句を公民館だよりに掲載しなかったことにつき、正当な理由があったということはできず、三橋公民館の職員らは、当該俳句に、Kさんが憲法九条は集団的自衛権の行使を許容するものと解釈すべきではないという思想・信条を有していることが表れていると解し、これを理由として不公正な取扱いをしたというべきである、と結論づけたのであった。

### 船橋市図書館事件判決

さいたま地裁も、東京高裁も先例として、船橋市図書館事件判決(最高裁二〇〇五[平成一七]年七月一四日第一小法廷判決)に依拠している。これは、千葉県船橋市の船橋市西図書館の司書が、「新しい歴史教科書をつくる会」やその賛同者およびその著書に対する否定的評価と反感から、独断で、図書館の蔵書のうち同会とその賛同者の執筆、編集に係る書籍など合計一〇七冊を蔵書リストから除籍する処理をして廃棄したことが問題となった事例である。最高裁は、まず、公立図書館の「役割、機能等に照らせば、公立図書館は、住民に対して思想、意見その他の種々の情報を含む図書館資料を提供してその教養を高めること等を目的とする公的な場ということができる」ので、公立図書館の図書館職員は、公立図書館がそのような役割を果たせるように、独断的な評価や個人的な好みにとらわれることなく、公正に図書館資料を取り扱うべき職務上の義務を負うものというべきであり、閲覧に供されている図書について、独断的な評価や個人的な好みによってこれを廃棄することは、図書館職員としての基本的な職務上の義務に反するものといわなければならない、とする。

最高裁は、その上で、「公立図書館が、……住民に図書館資料を提供するための公的な場であるということは、そこで閲覧に供された図書の著作者にとって、その思想、意見等を公衆に伝達する公的な場でもあるということができる」ので、「公立図書館の図書館職員が閲覧に供されている図書を著作者の思想や信条を理由とするなど不公正な取扱いによって廃棄することは、当該著作者が著作物によってその思想、意見等を公衆に伝達する利益を不当に損なうものといわなければならない」とした。そして、「著作者の思想の自由、表現の自由が憲法により保障された基本的人権であることにもかんがみると、公立図書館において、その著作物が閲覧に供されている著作者が有する上記利益は、法的保護に値する人格的利益であると解するのが相当であり、公立図書館の図書館職員である公務員が、図書の廃棄について、基本的な職務上の義務に反し、著作者又は著作物に対する独断的な評価や個人的な好みによって不公正な取扱いをしたときは、当該図書の著作者の上記人格的利益を侵害するものとして国家賠償法上違法となるというべきである」、というのであった。

先に紹介した「九条俳句」事件の第一審判決、控訴審判決が、この船橋市図書館事件判決の理由づけを公民館だよりへの俳句不掲載の事例にあてはめ、応用しようとしたものであることは明らかである。ただ、公民館の役割、機能等を強調する控訴審判決の方がより船橋市図書館事件判決の論理に忠実なように思われる。控訴審判決は、不掲載を違法としながら慰謝料額を五〇〇〇円に減額しているが、それは船橋市図書館事件判決の論理により忠実な論理構成をとって、俳句の公民館だよりへの掲載を「住民の公民館の利用を通じた社会教育活動の一環としてなされた学習成果の発表行為」と捉えたからであると思われる。Kさんからすれば、裁判所に俳句不掲載が違法であると判断してもらうことに訴訟を起こした目的があり、損害賠償額の多寡は二の次であったと思われるが、市による違法な人格的利益侵害に対する損害賠償額として低すぎるといわざるをえない。

### 公民館だよりへの秀句掲載の拒否

確かに、本来、住民は公民館だよりに自分の表現物を掲載してもらうことを、表現の自由から要求できるわけではない。しかし、この訴訟では、市が俳句会に選定を委ねる形で公民館だよりへの俳句掲載を三年八か月にわたり実施してきたことから、裁判所は、俳句会で推薦された俳句の作者としては、当然に公民館だよりへの掲載が期待できるとしている。裁判所は、表現の自由等の保障を考慮に入れてそうした人格的利益を認めたわけだが、これを一歩進めれば、公民館側が正当な理由なく公民館だよりへの掲載を拒否すれば表現の自由の侵害となる、と解されることになろう。

もっとも、裁判所は、Kさんら俳句会の構成員に秀句を公民館だよりに掲載するよう求める権利(掲載請求権)は認められないとして、Kさんの表現の自由が侵害されているわけではないとした。だが、表現の自由の制限がなされたのかどうかを判断するためには、秀句掲載の実情を踏まえて、秀句掲載の仕組みがどのようなものとして作られ、運用されてきたかを分析することが必要である。

句会提出の秀句は、三年八か月の間、公民館主幹に選別されることなく、すべて公民館だよりに掲載されてきた。短期間、三橋切り絵の会から複数の作品の提出を受け、主幹が任意の作品を選んで公民館だよりに掲載したことがあるが、秀句の場合、秀句一点だけが提出されてきており、主幹による選択の余地がないものとして運用されてきた。秀句の季語が公民館だよりの発行時期とずれる場合に断りを入れるよう俳句会が求め断り書きがなされたことは、主幹は秀句の内容を審査しないという原則がそこにあったと推測させる事実である。確かに、他人の名誉やプライバシーを著しく侵害するような俳句の掲載を拒否することはありうるであろうが、原則として、主幹は俳句会から提出された秀句を公民館だよりに掲載する、という仕組みであったといえる。そうすれば、公民館だよりは秀句を掲載するという限りで開かれた表現活動の場として設定されていたということになろう。そうした場の利用を、俳句の内容の政治性を理由に拒否することは、表現の自由を侵害し、憲法二一条一項に違反するものである。

## 「憲法アレルギー」？

「九条俳句」事件の第一審判決は、公民館の館長、主幹らの対応を、十分な検討なく俳句掲載を拒否した上で、十分ねれていない説明文書を出し、後からその文書は不適切であったとして二回目の説明文書を出すなど場当たり的な説明をした、と批判している。そして、第一審判決は、公民館の館長、主幹たちがそんな対応をした要因は、彼らの「憲法アレルギー」にあったのではないかと指摘している。Ａ館長は、中学校の教頭を務めて退職した元教員であったが、教育現場において、国旗(日の丸)や国歌(君が代)に関する議論など、憲法に関連する意見の対立を目の当たりにしてきた。Ｃ主幹も、拠点公民館である桜木公民館の館長でありこの問題についてともに対応にあたってきたＤ館長も、それぞれ小学校教師、高等学校の事務職員としてそうした憲法をめぐる意見の対立を目の当たりにして、これに辟易しており、一種の「憲法アレルギー」のような状態に陥っていたのではないかと推測している。こうした「憲法アレルギー」の発露として、Ｃ主幹は、Ｋさんの俳句を公民館だよりに掲載するのは問題ではないかと考え、A館長に意見を求め、A館長は掲載は難しいと考える旨回答し、D館長ら桜木公民館の職員も、「九条守れ」という憲法に関連する文言が含まれたKさんの俳句に抵抗感を示したため、不掲載とする理由について、十分な検討を行わないまま、Kさんの俳句を公民館だよりに掲載しないこととしたのではないか、というのである。

憲法尊重擁護義務を負う公務員（憲法九九条）であるというだけでなく、国民の教育を受ける権利（憲法二六条一項）を実現するためになされる学校教育にかかわる人たちが、本当に「憲法アレルギー」をもっているとしたら、驚きあきれるほかない。ただ、この事例にかかわった公民館長や主幹たちは、政治的なものを避けたいという心性を有しており、そうした心理に基づき直感的に行動したように思われる。

これまでの事例では、まず担当者が直感的に「これはまずい」と感じて、十分な説明なく表現活動を制約し、あとから「政治的中立性」を持ち出し正当化しようとしていた。「憲法（九条）アレルギー」、「政治アレルギー」から、あるいは権力者に対する忖度から直感的に表現活動を忌避し制約して、後から理由を「政治的中立性」に求める傾向があるように思われる。「政治的中立性」という概念は、「憲法（九条）アレルギー」、「政治アレルギー」による直感的な表現活動制限を正当化するための便利な道具として使われてしまっているのである。

## 島本町広報板事件

このところ、確かに公務員の「憲法（九条）アレルギー」がうかがわれる事例は他にも見られる。たとえば、神戸市と神戸市教育委員会は、それまで憲法記念日などに市民や団体によって開かれる憲法集会を後援してきたが、二〇一四年五月の憲法集会について後援依頼を断り、それ以降、憲法集会の後援をしていないと報道されている。(1) 後援依頼を断る際に、市は、「憲法に関しては、「護憲」、「改憲」それぞれ政治的な主張があり、憲法に関する集会そのものが、市の政治的中立性を損なう可能性がある」、市教育委員会は、「「憲法」自体が政治的な要素を含むテーマである昨今の社会情勢に鑑み」て、と説明したとのことである。こうした神戸市、神戸市教育委員会の説明からは、二〇一二年末に第二次安倍内閣が発足して以来、憲法改正が現実的な政治的争点となっており、とりわけ二〇一四年には安倍内閣による憲法九条の解釈変更がなされようとしていた、といったことに鑑みての後援拒否であったことがうかがわれる。

しかし、「現行の憲法を守ろう」という主張に政治性があることは確かであるが、「憲法改悪に反対しよう」といった主張に比べて政治的な性格が希薄である。というのも、公務員は憲法を尊重し擁護する義務を課されており（憲法九九条）、地方公共団体も憲法を尊重擁護することを前提に活動をしているからである。また、憲法改正論であっても現行憲法の改正規定に従って憲法を「改正」しようというものであり、「憲法を守る」ということを前提としたものであるからである。それゆえ、こうした憲法集会への後援拒否は、「憲法(九条)アレルギー」による過剰反応といえよう。

もっとも、地方公共団体による後援名義の付与が、松原中央公園事件(本章1)のように公園を利用させる条件となっていたり、補助金給付の条件となっていたりするのではなく、地方公共団体が市民による表現活動・集会を後援しないというだけなら、それが市民の表現の自由・集会の自由を侵害するものとはいえないであろう。

それに対して、「憲法(九条)アレルギー」、「政治アレルギー」による直感的な表現活動制限がなされた場合には、表現の自由の侵害の問題が生ずる。そうした事例として、大阪府島本町の事例を紹介しておこう。

島本町では、「町の各種の催しなどに関する情報を提供することや、地域での自治会などの公共的催しなどに関するポスターなどを掲示すること」を目的とする「広報板」を、集会所、公園といった公共施設内などに設置している。ただし、島本町の「広報板の管理運営と利用基準」では、「営利目的、政治・布教活動に関する利用」はできないとされている。島本町の住民による「しまもと・九条の会」は、二〇一五年七月に元陸上自衛隊普通科連隊陸士長のKさんを招いて「元自衛官と語ろう「憲法9条」!!」という集会を町の「ふれあいセンター」の学習室で開催することを計画し、そのポスターを町の広報板に貼ることの許可を町に対して求めたところ、掲示不許可とされた。

町のコミュニティ推進課の職員によれば、ポスターの「イラストの〝まもろう9条〟の言葉がいけない」とのことであった。ポスターには、集会の題名と内容・日時・場所の記載のほか、「メディアでは判らない！　おしえて本当のこと」、「若者があぶない!!」、「ひとごとちゃうで!!　お父さんも、お母さんも　若いみんなも、聞きに来て!!」、「戦争の足音が…」といった吹き出しと、女性が赤ちゃんを抱くイラストがあり、このイラストの上に「まもろう9条」と書かれていた。町はこの「まもろう9条」を問題視したのであった。

しまもと・九条の会は、集会開催が迫っていることから、やむなくポスターのイラストを、富士山が憲法九条を読み、「平和憲法だよ！」といっているものに変更したが、町に対して抗議文を提出した。抗議文提出時に応対した町のY総合企画部長は、「憲法を変える、変えないで世間が二分している中で、公の広報板は中立でなければならないとの立場で今回の対応としました」、「今、世間では改憲・護憲の意見がある中、中立を守るべき公共の広報板としては、どちらもご遠慮していただけたらありがたいという立場です」と答えた。さらに、後日、町は、川口裕町長名で、「今回の文言の修正依頼につきましては、行政としての中立性の観点から、現在の政治情勢をも踏まえ総合的に判断させていただいたものでございます」との回答を示した。

こうした町の説明や、また、政治性があるように思われる吹き出しの文言については問題視されていないことからして、町の対応は「憲法九条を守ろう」という言葉への過剰反応であったことがうかがわれる。さらに、これまで政治性が問題とされていなかった事柄であっても、政治情勢次第では、地方公共団体によって強い「政治性」を有するとされてしまう可能性があること、そこに担当者の恣意や忖度が入りうることが示されている。島本町での広報板の運用状況次第では、広報板が町民にとってパブリック・フォーラムになっていたといえるかもしれないが、そこまではいえなくても、「九条俳句」事件の第一審判決の理屈によれば、町民は、広報板の利用を自己の思想を理由に拒否されないことについて人格的な利益を有していたことは認められよう。そうすると、「九条俳句」事件の場合と同様に、憲法九条を守るべきであるという思想が現れていることを理由にポスターの掲示板への掲示を拒否することは違法ということになろう。

## 4　市庁舎前広場での集会開催の拒否

### 金沢市庁舎前広場訴訟

本来的な表現活動の場として設置されている施設であるか否か問題となったのが、市庁舎前広場での集会のための利用拒否が争われた二次にわたる金沢市庁舎前広場訴訟である。

金沢市役所（市庁舎）の北側に南北約六〇メートル、東西約五〇メートル程度の大きさの広場（金沢市庁舎前広場）があり、集会のためにもかなり利用されている。しかし、二〇一四年五月に、「石川県平和運動センター」という団体が、陸上自衛隊金沢駐屯地の自衛隊員による陸海空自衛隊市中パレードに反対する「「軍事パレード」の中止を求める集会」を他の団体とともに開催するため、金沢市庁舎前広場の使用許可を求めたところ、市長より使用不許可処分を受けた。

金沢市庁舎前広場（提供：豊秀一氏）

不許可とされた主な理由は、「庁舎前広場内において、特定の個人、団体等の主義主張や意見等に関し賛否を表明することとなる集会を開催することは、金沢市庁舎等管理規則が禁止する「示威行為」に該当する」、ということであった。「示威」という言葉の意味は、「威力を示すこと」、「気勢を見せること」であるから、「示威行為」は威力を示す行為、気勢を見せる行為であると理解するのが自然であろう。しかし、金沢市は、規則が禁止している「示威行為」とは、特定の個人、団体等の主義主張や意見等に関し賛否を表明することを意味すると主張した。そして、市庁舎前の広場で特定の個人、団体等の主義主張や意見等に関し賛否が表明されると、市がそうした政治的主張を支持・支援しているような外観が生じ、市民に誤解を与え、誤解した市民が市に抗議したり、協力しなくなったりして市政が円滑に進まなくなる、というのであった。

市庁舎前広場の使用が不許可とされたため、当該集会は近隣にある石川県中央公園で開催されたが、市庁舎前広場で集会を開催しようとした諸団体とその代表たちが、使用不許可は違法であるとして金沢市に対して損害賠償を求める訴訟を提起した（第一次金沢市庁舎前広場訴訟）。しかし、金沢地裁も、名古屋高裁も不許可処分は適法であったとして、損害賠償請求を認めなかった（金沢地裁二〇一六〔平成二八〕年二月五日判決、名古屋高裁金沢支部二〇一七〔平成二九〕年一月二五日判決。最高裁への上告は認められなかった）。

この訴訟の係属中に金沢市は市庁舎前広場を若干改修した上で、金沢市庁舎等管理規則を改正して「特定の政策、主義又は意見に賛成し、又は反対する目的で個人又は団体で威力又は気勢を他に示す等の示威行為」が禁止されると明記した。その直後、「石川県憲法を守る会」が、二〇一七年五月三日に金沢市庁舎前広場において「憲法施行七〇周年集会」を開催するため許可を申請したところ、市長から不許可処分を受けた。これまで市庁舎前広場での護憲集会の開催は認められていた。今回、石川県憲法を守る会の事務局長は、市の総務課長・課長補佐に対して、参加予定人数が三〇〇人であり、テントの使用やちらしの配布はないが、街宣車が近接し、拡声器やのぼり旗等の使用があり、憲法を守っていく立場から、政治に対する批判や問題提起はあると考えられると述べていた。それに対して、特定の政策に対する批判や問題提起があるものであることから、当該護憲集会が「特定の政策、主義又は意見に賛成し、又は反対する目的で個人又は団体で威力又は気勢を他に示す等の示威行為」にあたるとされたのであった。そこで、石川県憲法を守る会とその代表委員が、金沢市に対し、損害賠償を求めて訴訟を起こした（第二次金沢市庁舎前広場訴訟）。この訴訟でも、下級裁判所は不許可処分は適法であるとした（金沢地裁二〇二〇〔令和二〕年九月一八日判決、名古屋高裁金沢支部二〇二一〔令和三〕年九月八日判決）、最高裁は上告は認めたが、下級裁判所と同様に適法、合憲であるとする判決を下した（最高裁二〇二三〔令和五〕年二月二一日第三小法廷判決）。

## 鎌倉市役所前庭の利用拒否も

朝日新聞などによると、最近、政治的中立性を保つためとして庁舎前の「広場」や「庭」での「政治活動」を認めないとする地方公共団体が増えている（2）。朝日新聞の取材では、二〇二〇年一〇月時点でそうした規則や内規があるのは、さいたま市緑区、鎌倉市、長野市、福山市、徳島市の少なくとも五市区であり、徳島市を除き、二〇一五年前後以降に規制を始めていた。

もっとも、こうした地方公共団体の中で、実際に「政治的」であることを理由に利用を拒否したのは、金沢市以外では鎌倉市のみのようである。鎌倉市の市民団体である「鎌倉ピースパレード」は、二〇一八年六月に憲法改正を目指す動きや集団的自衛権の行使容認に抗議し、若宮大路などを練り歩くデモを企画したが、鎌倉市庁舎の前庭(一三六平方メートル)を集合場所として利用することを認められなかった。市は、パレードを知らせるビラに「民主主義を取り戻そう!」、「9条改憲NO!」と記されていたことを理由に、市庁舎管理規則に基づく「庁舎内行為許可に係る審査基準」に規定された「特定の政治的信条の普及を目的とする行為」にあたるとしたのであった。

鎌倉ピースパレードの側は、前庭利用不許可について審査請求(行政機関の処分等について行政機関に対してなされる不服申立)をしたが、パレードの期日が経過していたことから却下(つまり門前払い)となった。しかし、却下の採決に付された意見書(3)において、審理員(審査請求の審理を行う職員)は、当該不許可は違法であったと「付言」している。審理員は、使用を許可するか否かについて地方公共団体の側に広い判断の余地を認める第一次金沢市庁舎前広場訴訟第一審判決の判断枠組みに依拠している。しかし、鎌倉市が、ピースパレードの集合・事務連絡のためとはいえ、政治的信条の普及を目的とする行為と認定したこと自体は不当とはいえないが、閉庁日のわずか五分程度の使用であり、本庁舎の使用に何ら支障を与えないこと、過去六回、鎌倉ピースパレードによる前庭の使用を許可してトラブルなく使用されてきたことなど、考慮すべき事情を十分考慮していなかったので、使用不許可は違法であったとしたのであった。こうした審理員の「付言」がなされたからか、その後、鎌倉ピースパレードの集合場所として市庁舎の前庭を利用することは認められているようである。

## 金沢市庁舎前広場は公の施設か？

鎌倉市の事例は裁判で争われなかったが、金沢市の事例は、先に述べたように二次にわたる訴訟となった。そこでの第一の争点は市庁舎前広場が「公の施設」あるいはパブリック・フォーラムであるか否かであった。市庁舎前広場が住民の利用に広く開かれた公の施設であるとすれば、「市民が、市庁舎前広場で表明される主義主張、意見を市のものであるとか、市がそうした主義主張、意見を支持していると誤解するかもしれない」ということを理由に、特定の主義主張、意見を表明する集会のための市庁舎前広場の使用を不許可とすることは認められない。公の施設では、どのような主義主張、意見の表明のための集会であっても、原則として使用が認められなければならないからである。

たとえば、市立公園で政治的な主張をする集会が開催される場合、当該市立公園ではさまざまな主張のための集会が開催されているであろうから、「そんな主張のために市の施設を貸すとは何事だ。市はこの主張を支持しているのか」と憤る市民はあまりいないであろう。ほとんどの市民は、市立公園はそんな場所だと知っているからである。さらに、万一、市が当該集会の政治的な主張を支持・支援していると誤解する市民がいたとしても、「市立公園では、各種の主張のために集会が開かれます。あなたの支持するような主張のための集会も、同じように開催できます。市がこの集会の主張を支持しているわけではなく、市はどんな主張のためであっても公園を貸さなければならないことになっています」と説明すればよいだけの話である。

金沢市庁舎前広場訴訟において、裁判所は、市庁舎前広場は「公の施設」ではなく、「公用財産」(国や地方公共団体といった行政主体が自ら使用する公共財産)であるとし、それを市民の表現活動・集会に利用させるか否かについては、市の判断が広く認められるとした。もともと市庁舎前広場の運用は「金沢市庁舎前広場管理要綱」に従ってなされていたが、市は二〇一一年に金沢市庁舎等管理規則を制定しており、市庁舎前広場も市庁舎の一部として、この規則に基づき運用がなされているとしている。裁判所は、同規則の「庁舎等」に市庁舎前広場が含まれることを前提に、「庁舎等」とは「本市の事務又は事業の用に供する建物及びその附属施設並びにこれらの敷地(直接公共の用に供するものを除く。)で、市長の管理に属するもの」(同規則二条)とされており、直接公共の用に供するもの、つまり市民の利用のためのものは除かれているのであるから、「庁舎等」に含まれる市庁舎前広場は公用財産であり、公の施設ではない、としている。

しかし、著名な行政法学者である宇賀克也裁判官の第二次訴訟最高裁判決における反対意見が主張しているように、全く反対に理解することもできる。もともと、金沢市庁舎前広場は、「金沢市庁舎前広場管理要綱」という名前からもわかるように、広場、つまり市民が利用する場所として設置、運用されていたのである。そして、同要綱では、「庁舎前広場は、本市の事務又は事業の執行に支障のない範囲内で、原則として、午前八時から午後九時までの間、市民の利用に供させるものとする」(三条)と定められており、市庁舎前広場は市の事務または事業の執行に支障のない範囲で市民の自由使用に供される広場として位置づけられていたと解される。すなわち、市庁舎前広場は、市の庁舎に係る建物等(公用物)と区別された公共用物(国民・住民一般の利用に供される公共財産。公の施設はこれに含まれる)として一般の利用に供されたと考えられるのである。その後、金沢市庁舎等管理規則が制定されたが、その際、庁舎管理要綱は廃止されたのに広場管理要綱は廃止されなかった。とすると、同規則が「庁舎等」について「直接公共の用に供するものを除く」としているのは、直接公共の用に供する施設である市庁舎前広場は同規則の対象とはならないという趣旨であると理解できるのである。

また、宇賀裁判官の反対意見が指摘しているように、「公用物」と「公共用物」とを截然と区別できるわけではないし、公用物を場所や時間を限定して公共用物として利用することが広く行われている。宇賀反対意見は、公用物である庁舎の最上階を展望室にして一般に開放している例や、利用者の限定された公共用物である公立学校の校庭を休日に限定して一般に開放している例を挙げ、公用物や利用者の限定された公共用物であっても、空間的・時間的分割により、広く一般が利用可能な公共用物になることがあるとしている。それゆえ、金沢市庁舎前広場を含めた(広義の)庁舎についても、広場に空間を限定し、かつ、休日など、騒音等により市の公務に支障を与えない範囲で公共用物としての利用が行われてきたとみることもできる、というわけである。

なお、金沢市庁舎前広場については公の施設について制定しなければならない管理条例(地方自治法二四四条の二第一項)が制定されていない。しかし、「公の施設」については管理条例を制定しなければならないということであって、管理条例が制定されていない施設は「公の施設」ではないということではないのである。

**金沢市庁舎前広場と表現の自由・集会の自由**

ここで憲法の視点から考えてみよう。第一章5でも述べたように、国や地方公共団体がある公共施設を市民、住民の表現活動・集会のために開けば、表現の自由・集会の自由を保障した憲法二一条一項の拘束を受けると見るべきである。

第二次金沢市庁舎前広場訴訟最高裁判決も、金沢市庁舎前広場の利用を認めないことが憲法二一条一項に違反することがあることを認めている。集会の自由に対する制限が公共の福祉による必要かつ合理的なものとして是認されるかどうかは、制限が必要とされる程度と、制限される自由の内容および性質、これに加えられる具体的制限の態様および程度等を較量して決めるのが相当であるとする。その上で、市庁舎前広場が通常の庁舎の一部であるという理解を前提に、普通地方公共団体の庁舎の性格を踏まえて、「公務の中核を担う庁舎等において、政治的な対立がみられる論点について集会等が開催され、威力又は気勢を他に示すなどして特定の政策等を訴える示威行為が行われると、金沢市長が庁舎等をそうした示威行為のための利用に供したという外形的な状況を通じて、あたかも被上告人［金沢市］が特定の立場の者を利しているかのような外観が生じ、これにより外見上の政治的中立性に疑義が生じて行政に対する住民の信頼が損なわれ、ひいては公務の円滑な遂行が確保されなくなるという支障が生じ得る」という。それゆえ、そうした支障を生じさせないという目的は合理的であり正当であるとして、「特定の政策、主義又は意見に賛成し、又は反対する目的で個人又は団体で威力又は気勢を他に示す等の示威行為」が行われる場合に広場の使用を認めないことは憲法二一条一項に違反しないとしたのであった。

そこでは、市庁舎前広場が表現活動、集会に利用されることがある施設であるという前提がとられてはいる。市がそこでの表現活動・集会をゆえなく認めない場合には憲法二一条一項違反になることは認められているわけである。ただ、公用物である市庁舎の一部にすぎない市庁舎前広場における表現活動・集会を認めるかどうかについて、市には広い判断の余地(裁量)が認められる、というわけである。

しかし、やはり市庁舎前広場を市庁舎一般と全く同様に理解している点には、問題がある。確かに、市庁舎は市が業務を行う場所であり、市民が表現活動を行うことは想定されていない。市民が市庁舎内の職員のみが業務をする区域においてビラ配布をしたり、職員に訴えかけたりすることは、市の業務を妨げるものであり認められない。また、市役所の市民課窓口前の待合室は、市民誰でもが入ることができる場所であるが、市民課に各種届出や申請に来た市民が待つ場所であり、そこに居る市民に対してビラ配布を行うような場所ではない。しかし、市民課に届出に行く市民が、当該届出に抗議するTシャツを着て行くのはどうであろうか。それで特に混乱が引き起こされるわけでもなく、市の業務を阻害するわけでもないのであるから、市当局は抗議のメッセージが見えなくなるようにTシャツの上にジャケットを羽織ることを要求できたりはしないであろう。もしこの要求を受け入れないのであれば届出を受理しないなどということになれば、憲法二一条一項違反になるであろう。つまり、市庁舎の中であってもすべての表現活動を禁止できるわけではない。市庁舎の中のどのような場所であるか、当該表現活動がその場所の機能と両立するのかが重要なのである。

## 金沢市庁舎前広場はパブリック・フォーラム

そして、金沢市庁舎前広場は、(広義の)市庁舎の一部であるとしても、以下に述べるように、市民の表現活動・集会のために開かれた公共施設、つまりパブリック・フォーラムである。

ある公共施設が表現活動・集会のための利用を主たる目的とするもの(パブリック・フォーラム)であるか否かは、当該公共施設の名称・外観・構造、当該公共施設に関する定め、当該公共施設の利用状況、表現活動・集会のための利用と当該施設の性質や他の利用との両立性などを考慮して判断されるべきである。

まず、金沢市庁舎前広場の名称は「市庁舎前広場」である。そしてそれは、市庁舎に隣接しており市庁舎への通り道という機能を果たしているが、南北約六〇メートル、東西約五〇メートルという広さの、壁や塀で囲われていない広場であって、その構造・外観からして集会の場所としての機能を有している。下級審判決は、市庁舎前広場は、市庁舎に向かう市民の通行のための施設であるとしたが、市庁舎に向かう通路は他にもあるし、これだけの広さの、そして誰でも入ることができる場所がただの通路にとどまる、というのは考えにくい。

金沢市庁舎前広場管理要綱が、市庁舎前広場を市の事務または事業の執行に支障のない範囲で市民の自由使用に供される広場として位置づけていたことは、先に見た通りである。他方、金沢市庁舎等管理規則も、庁舎等において、「物品の販売、寄附の募集、署名を求める行為その他これらに類する行為」、「拡声器を使用する等けん騒な状態を作り出す行為」、「旗、のぼり、プラカード、立看板等を持ち込む行為」、「ちらし、ポスターその他の文書又は図面の掲示又は配布」などをしてはならないとしながら(五条一〜七号)、庁舎管理者は、「特別な理由があり、かつ、庁舎等の管理上特に支障がないと認めるときは、当該行為を許可することができ」(改正前の庁舎等管理規則六条一項)、この許可にあたり、庁舎管理者は必要な条件を付けることができるとしている(同条二項)。これは、庁舎等管理規則も、条件を付してできる限り広場での集会の開催を認める趣旨と解される。

そして、市庁舎前広場が「市民のいこいの広場として……待ち合わせ場所等市民の利用に供する」といった運用がなされてきたことは、金沢市の『平成二四年度　金沢の市政』も認めている。第一次訴訟の地裁判決によると、二〇一〇年四月から二〇一四年一一月までの間、合計七八件の行為等が金沢市によって許可され、平均すると一か月当たり一・四件程度の頻度で、市庁舎前広場で何らかの表現活動・集会が行われてきた。そして、その中には、「国民平和大行進」、「非核平和集会」、さらには、「戦争させない！五・三県民集会」といった、集会名称からして一定の実践的な主張をすると解される集会のための利用も認められていたのである。

さらに、市庁舎前広場で集会を行っても、集会が通常、短時間開催されるにとどまること、市庁舎へは他にいくつもの通路があることからして、集会開催は広場の他の機能と根本的に両立しないものではない。集会の間は、市民が広場で憩うことはできないかもしれないが、集会は通常、短時間で終了するのであるから、一般の市民の利用をそれほど損なうわけではない。また、土日祝日であれば、市庁舎前広場での集会が市庁舎における業務を妨害することはないし、平日の昼間であっても、集会において拡声器で大きな音を出したり、多人数でのシュプレヒコールをしたりしなければ、市庁舎での業務を妨害することはない。

以上のように、市庁舎前広場の名称・外観・構造、それに関する定め、利用状況、表現活動・集会のための利用と他の利用との両立性などからして、市庁舎前広場は、表現活動・集会開催を主たる目的の一つとする公共施設、つまりパブリック・フォーラムであると位置づけられる。

しかし、金沢市は、二〇一七年に市庁舎等管理規則を改正して、絶対的に禁止される「示威行為」を「特定の政策、主義又は意見に賛成し、又は反対する目的で個人又は団体で威力又は気勢を他に示す等の示威行為」に修正するとともに、「物品の販売、寄附の募集、署名を求める行為その他これらに類する行為」などの五条一号から七号が禁止している行為は、「本市の事務又は事業に密接に関連する等特別な理由があり、かつ、庁舎等の管理上特に支障がないと認めるときは、当該行為を許可することができる」と改めた(六条一項)。

「特別な理由」の前に「本市の事務又は事業に密接に関連する等」を付け加えたのであるが、これは、市が第一次訴訟で、これまで集会としての利用が認められてきたのは「市の事務又は事業に密接に関連する」場合であると主張してきたことに平仄を合わせたものである。たとえば、第一次訴訟で、市は、護憲集会が認められていたのは、憲法擁護は「市の事務又は事業に密接に関連する」からだと主張していた。だが、先に見たように、「国民平和大行進」、「非核平和集会」、さらには、「戦争させない！五・三県民集会」といった、集会名称からして一定の実践的な主張をすると解される集会のための利用も認められていたのであるから、これらも「市の事務又は事業に密接に関連する」というのが第一次訴訟での市の立場ということになる。それゆえ、市のいう「市の事務又は事業に密接に関連する」は、かなり広い、あるいは市の事務・事業との関連性が非常に緩やかなものを含む、ということになる。つまり、第一次訴訟での市の主張を踏まえれば、改正後の「本市の事務又は事業に密接に関連する等特別な理由があり、かつ、庁舎等の管理上特に支障がないと認めるときは、当該行為を許可することができる」という条項は、市民の人権、生活を守ることも市の責任であるという見地から、広く公共性を有する集会である場合には使用を認めると読むほかないのである。それゆえ、この改正によって、市庁舎前広場の性質が変わったとはいえない。

## 不許可は憲法違反

このように市庁舎前広場が広く表現活動・集会に開かれた場、すなわちパブリック・フォーラムであるのであれば、そこでの表現活動・集会のための使用は、広場を毀損するものであるとか、隣接する市庁舎での業務に支障をもたらすといった事情のない限り、原則として認められなければならない。

そこで、市庁舎前広場に市庁舎等管理規則が適用されるとしても、改正前の同規則が絶対的に禁止する「示威行為」とは、拡声器の使用(つまり拡声器を用いての示威行為)については許可されることがある仕組みであることからして、威力を示す行為、気勢を見せる行為のうち、社会通念上およそ許容できないほどの大音量によるシュプレヒコールをするものなど、庁舎等の管理に著しい悪影響を与え、庁舎等での事務・事業の遂行を著しく阻害するものを指すと限定して解釈されるべきであった。二〇一七年の改正で、同規則のその部分は、「特定の政策、主義又は意見に賛成し、又は反対する目的で個人又は団体で威力又は気勢を他に示す等の示威行為」というように修正されたが、これも「特定の政策、主義又は意見に賛成し、又は反対する目的で個人又は団体で威力又は気勢を他に示す」示威行為のうち、庁舎等の管理に著しい悪影響を与え、庁舎等での事務・事業の遂行を著しく阻害するものを指すと限定して解釈されるべきである。

そうすると第一次訴訟における「「軍事パレード」の中止を求める集会」も、第二次訴訟における「憲法施行七〇周年集会」も、そうした「示威行為」にあたらないことは明らかであって、両事件における使用不許可処分は同規則に違反し、また、集会の自由を侵害し憲法二一条一項に違反していたとみるべきである。

## 「政治的中立性確保」の危険性

金沢市庁舎前広場に関する二つの訴訟において、金沢市は、市が集会の主張を支持しているという外観が生ずることが不許可の理由であると主張した。第一次訴訟の裁判では、市は政治的中立性を保たなければならないとし、政治的に中立でない外観が生じた場合の弊害として誤解した市民の抗議や非協力を挙げた。しかし、先に述べたようにそれまで実践的な主張内容をともなう集会が開催されてきたにもかかわらず、それに対して市民から批判、苦情が市に寄せられたとは主張されていない。つまり、市民が集会の政治的主張が市の主張であると誤解することは常識的に考えてまずないし、実際、市庁舎前広場で政治的主張がなされるのを見て、市がその主張、運動を支援しているのだと受け取った市民はほとんどいなかったわけである。それゆえ、市民が誤解するかもしれないというのは、市の杞憂にすぎない。

こうした金沢市の論法で行けば、市政、市の行政と異なる主張をするものはすべて「政治的なもの」であって、その主張を市庁舎前広場で行うことは市の「政治的中立性」に反する、ということになりかねない。しかし、第二次訴訟最高裁判決の宇賀裁判官の反対意見が的確に指摘しているように、公選の市長、議会議員による決定に基づく市政、市の行政は、一定の政治的な判断に基づくものであり、政治的なものである。それゆえ、市政、市の行政とは異なる主張が政治的なものであり、市庁舎前広場でのそうした主張のための集会は認めないということは、市政、市の行政と同じ立場の政治的な主張については便宜を図るが、市政、市の行政と違う立場の政治的な主張については便宜を図らない、ということにほかならない。このように地方公共団体が「政治的な中立性」を理由に、施設利用希望者についてその主張内容で選別することは、それ自体、政治的に中立ではなく、政治的なものなのである。憲法は、地方公共団体によるこうした表現内容による選別を禁止しているはずである。

さらに、第一次訴訟の事例における利用拒否が、実際に生じうる弊害を防止するためにやむをえないものではなかったという事実を踏まえると、不許可処分が、本当に、市民の誤解の回避のためであったのか、疑いが生ずる。そこで、市の対応は集会の内容が「軍事パレード」反対であったからではないかと推測される。

集会の開催を企画した団体の関係者が市のH総務課長と面談した際に、課長は、「この『自衛隊の」パレード自体は、国がこう記念としてされる訳ですね、行事として、で市が……中止を求めるという立場にございませんので」、「パレード自体は国が実施されるということなんで、市としてのですね、立場として、ま、良い悪いというのを言える立場ではない」、「国が実施するものに対しての反対の……行事でございますので」と発言していた。ここからは、市当局には、国の行事への反対意見の表明に対して市庁舎前広場を貸すことは、市が反対意見を表明しているような外見が生ずるのでできない、という考えがあったのではないかと推察される。もしこの推察が正しければ、この利用拒否は「軍事パレード」反対という意見であること自体を理由とするものであり、最も許されない表現内容の規制である見解規制にあたることになる。

さらに、「「軍事パレード」の中止を求める集会」のために市庁舎前広場の使用許可申請がなされた当時、自衛隊パレードへの山野之義金沢市長の対応(パレードの観閲)に対して批判があり、市長もブログで、そのような批判への反論を行っていた。また、原告の一人Iさんも、陳述書で、「金沢市の自衛隊市中軍事パレードを協賛する姿勢を問い、地方自治における平和主義のあり方について意見を表明する公共の場所とは、金沢市庁舎前広場でなければならなかった」と述べているが、許可申請の当時も、こうした集会を企画した人たちの意図は公知の事実であったのではなかろうか。とすると、利用拒否は、市・市長を批判する集会がほかならぬ市庁舎の前において開催されることを抑止しようとしたものではないか、との疑念も生ずる。

「政治的中立性の確保」という概念が、表現活動や集会で表明される見解、意見を抑止したいという国や地方公共団体の意図をカモフラージュするために用いられる危険性があるのである。

## 5　県立公園からの追悼碑の排除

### 群馬の森訴訟

次に、いったん認められた表現活動の場からの排除が争われたものと理解することができる事例として、群馬の森訴訟を挙げておきたい。

「群馬の森」とは、群馬県高崎市にある二六・二ヘクタールの広さを有する県立公園であり、県立近代美術館、県立歴史博物館のほか、約四ヘクタールある広大な大芝生広場、日本庭園、わんぱくの丘などを有し、数多くの樹木に囲まれている。群馬の森の法的な位置づけは、「都市計画施設としての都市公園」(都市公園法二条一項一号)であり、主として一つの市町村の区域内に居住する者の休息、観賞、散歩、遊戯、運動等総合的な利用に供することを目的とする総合公園(都市公園法施行令二条一項四号)にあたる。そして、都市における良好な景観の形成、緑とオープンスペースの確保を通じて豊かな人間性の確保と都市住民の公共の福祉増進をはかることが、その設置目的であるとされている。この群馬の森に二〇〇四年三月より、「「記憶　反省　そして友好」の追悼碑」という名称の、戦時中に労務動員され群馬県内で亡くなった朝鮮人労働者を追悼する追悼碑が設置されていた。これは、群馬県知事が、「「記憶　反省　そして友好」の追悼碑を建てる会」という団体（「建てる会」）に対して、約一〇年間の期限を設けて設置を許可したものであった。しかし、その約一〇年後、群馬県知事が、建てる会の後継団体である「「記憶　反省　そして友好」の追悼碑を守る会」（「守る会」）に対して、追悼碑の設置期間更新を不許可とする処分を行った。

群馬の森の朝鮮人追悼碑（出典：Wikimedia Commons）

県知事が設置期間更新を不許可としたのは、追悼碑設置許可にあたって県知事が付した、「設置許可施設については、宗教的・政治的行事及び管理を行わないものとする」という条件に違反する運用がなされていたということを考慮してのことであった。県知事は、追悼碑の前で実施された朝鮮人労働者追悼式などで、「朝鮮人労働者は強制連行された」との発言がなされたということから、「政治的行事及び管理」がなされていたのだとした。

もっとも、許可条件違反が設置期間更新不許可の直接の理由とされていたわけではなく、「公園施設」に該当しなくなったというものであった。ここで少しややこしいが、都市公園法の仕組みを見ておこう。「公園施設」とは、都市公園の効用を全うするため当該都市公園に設けられる一定の施設であり、それには「植物園、動物園、野外劇場」のほか、都市公園法施行令で定められている水族館、野鳥観察所、野外音楽堂、図書館、記念碑等の教養施設が含まれる(都市公園法二条二項)。そして、公園管理者(群馬の森の場合は県知事)は、自ら公園施設を設置するほか、公園管理者以外の者に対して、公園施設が「当該公園管理者が自ら設け、又は管理することが不適当又は困難であると認められるもの」か、「当該公園管理者以外の者が設け、又は管理することが当該都市公園の機能の増進に資すると認められるもの」である場合に限り、一〇年以内の期間で公園にそれを設置することを許可できる(同法五条)。県知事は、条件違反の運用がなされた結果、もはや追悼碑は「公園施設」でなくなったので、設置期間更新の許可はできないとしたのであった。

そこで、守る会とその代表者が県に対して知事の設置期間更新不許可処分の取消しを求める訴訟を提起した。

## 追悼碑設置と表現の自由

この訴訟で、原告は、追悼碑の設置期間更新不許可処分が表現の自由を侵害するものであると主張したが、第一審判決(前橋地裁二〇一八[平成三〇]年二月一四日判決)も、控訴審判決(東京高裁二〇二一[令和三]年八月二六日判決)も、そもそも設置期間更新不許可処分は原告の表現の自由を制限するものではないとした。もっとも、第一審判決は、朝鮮人労働者追悼碑が公園施設ではなくなっているとまではいえないとして設置期間更新不許可処分を取り消したが、控訴審判決は県側の主張を認めて第一審判決を取り消して原告敗訴の判決をくだした。なお、原告は最高裁に上告したが、上告が認められず、この訴訟は原告の敗訴に終わった。そして、朝鮮人労働者追悼碑は、二〇二四年二月に県によって撤去された。

では、設置期間更新不許可処分は表現の自由の制約にあたらないという裁判所の判断は適切なのであろうか。まず、群馬の森に設置された朝鮮人労働者追悼碑には、「記憶 反省 そして友好」という碑銘とともに、「かつてわが国が朝鮮人に対し、多大の損害と苦痛を与えた歴史の事実を深く記憶にとどめ、心から反省し、二度と過ちを繰り返さない決意を表明する」、「過去を忘れることなく、未来を見つめ、新しい相互の理解と友好を深めていきたいと考え、……この碑を建立する」といった文言を含む碑文が付されていた。こうした碑銘、碑文が付されている追悼碑は一定のメッセージを伝えるものであるから、第一審判決も認めているように、追悼碑の設置行為は表現行為の一態様としての意味をもつのである。

ではなぜ、追悼碑の設置行為が表現行為としての意味をもつのに、設置期間更新を不許可にしてその表現行為をやめさせることが追悼碑を設置している者の表現の自由の制限とならないのか。この点について、控訴審判決は、都市公園法五条は、公園管理者以外の者に対し、公園の敷地に設置される施設の設置・管理を公園管理者に代わって行うことを許可するものであるので、同法五条に基づく公園管理者以外の者による公園施設の設置・管理は、その者に自由な表現活動を提供する手段として確保されているものとは解されないという。つまり、追悼碑設置許可処分は、公園において管理者に代わって追悼碑を設置することの許可にすぎず、守る会が追悼碑の設置の方法によって公園において表現活動をすることを許可したものではない、というのである。それゆえ、追悼碑の設置をやめさせることも表現の自由を制限するものではないことになる。

しかし、追悼碑の設置が表現行為であることと、公園が本来的な表現行為の場であるパブリック・フォーラムであることを前提とすべきである。公園は、本来的な表現行為の場であるから、表現行為としての性質を有する追悼碑の設置を許可したということは、公園管理者（県知事）による公園施設の設置の代行、つまり公務の代行というのではなく、追悼碑を設置するという表現行為を認めたという意味をもつことにならざるをえない。しかし、表現物である建造物を固定的に設置して公園の一部を長期間独占的に使用する場合には、他の利用者の利用を妨げたり、総合公園としての機能を阻害するおそれがあるのであるから、公園がパブリック・フォーラムであり、表現物の設置が表現活動であるからといって、一般的に、公園に表現物を固定的に設置する権利があるとは認めがたいであろう。そこで、都市公園法の下で、公園管理者には、当該表現物を固定的に設置することが公園の機能を増進させるか否か、むしろ他の利用者の利用を妨げたり、総合公園としての機能を阻害しないかについて判断することが認められよう。もっとも、記念碑等の設置という表現活動を一定の場合に「公園施設」の設置として許可するという仕組みをとっている以上、表現の自由の保障に鑑み、設置の可否の判断は当該仕組みの目的に照らして合理的でなければならず、特に申請者の見解を理由とする拒否は許されない。

そして、記念碑等の設置許可が公園での表現行為の承認という意味をもつ以上、設置許可の更新の拒否は表現の自由の制約という問題を生ぜしめる。いったん許可がなされ表現の場が与えられた場合には、表現活動の場からの排除について一層慎重な検討が必要となるのである。

第一審判決は、「一旦公園施設の設置許可を受けた者が更新申請を行う場合には、従前の設置により当該更新申請者が有するに至った経済的利益その他の利益に配慮して更新の許否を判断する必要があり、処分行政庁が、更新申請を拒否するためには、当該更新申請者に継続して公園施設の設置又は管理を行わせるべきでない特別の理由が必要であるというべきである」とする。そして、設置許可の更新の拒否には「継続して公園施設の設置又は管理を行わせるべきでない特別の理由が必要である」という見地から、県による更新の不許可を違法とした(傍点は引用者)。

第一審判決のいう更新申請者の「その他の利益」には、碑の設置行為という「表現行為の一態様」(同判決)を行い、表現活動を続けてきた者のそれを継続することに対する期待、人格的利益が含まれるという考え方があるのではないかと推測される。ここには、公園という本来的な表現活動の場において碑の設置行為という「表現行為の一態様」を行い、表現活動を続けてきた者のそれを継続することに対する期待、人格的利益への配慮が見られる。

それに対して、控訴審判決は、「公園施設」該当性、許可要件該当性の判断にあたり表現の自由に一切の配慮をすることなく、県の主張を容認した。しかし、いったん認められた表現活動を否定することについては、より慎重な考慮がなされなければならなかったのである。

## 許可条件について共通の理解があったか?

知事は「記憶　反省　そして友好」の追悼碑の設置の許可を与えるに際して、「設置許可施設については、宗教的・政治的行事及び管理を行わないものとする」という条件を付していた。

一体、してはならない「政治的行事及び管理」とは何を意味するのであろうか。

実は、追悼碑の設置許可をするにあたり、県の側は、建てる会に対して「政治的行事及び管理」の意味を具体的に説明していなかった。しかし、裁判所は、建てる会は、「「強制連行」の文言を使用して歴史認識に関する主義主張を訴えることを目的とする行事が「政治的行事」に当たる」と判断できたはずだ、と認定した。

控訴審判決は、この点を次のように説明している。「強制連行」という用語は日本政府が認知しないものであり、「労務動員」を「強制連行」と評価することは日本政府の見解に反することになるということを県と建てる会は共通して認識していた。そして、県が当初「群馬県朝鮮人・韓国人強制連行犠牲者追悼碑を建てる会」という名称であった建てる会に対し、①追悼碑設置を申請する団体の名称を「群馬県労務動員朝鮮人労働犠牲者追悼碑を建てる会」とすること、②碑文案にある「強制連行」の文言を「労務動員」に改めることなどを助言し、建てる会がこれを了承したという経緯を経て設置許可処分に至った。それゆえ、「本件許可条件にいう「政治的行事」には、少なくとも本件追悼碑に関し、政府の見解に反して「強制連行」という用語を使用し、歴史認識に関する主義主張を訴えることを目的とする行事(国内外の政治問題にまで発展することもあり得るものである。)を含むことを、旧建てる会の後継組織であり、旧建てる会の構成員らによって結成された被控訴人[守る会]も認識していたと認められる」、というのである。

しかし、政治的行事を行わないという許可条件に建てる会が合意をしたのは二〇〇一年一二月一一日であり、記録上、強制連行の文言を碑文に使用していいのかどうかが問題となったのは、この合意後なのである。前橋地裁で、建てる会の事務局長であったKさんは、追悼碑の設置についての県側との交渉では碑文や会名における「強制連行」という言葉が焦点であったとしつつ、その交渉の過程で県側から「政治的行事・管理」の意味内容につき説明がなく、また、「政治的行事・管理」との関係で碑文・会名が議論されてはいなかったと証言している。そこで、建てる会側は、「政治的行事」を、追悼碑の前で特定の政党に偏した集会を行ったり、追悼式に引き続いて特定の政策の推進を訴えて大規模なデモ行進を行うといったことを意味すると受け止めていたようである。

これまで見てきたように、「政治的」という言葉はかなり広い含意をもった言葉である。朝鮮人労働者の追悼碑の設置ということ自体、また、「かつてわが国が朝鮮人に対し、多大の損害と苦痛を与えた歴史の事実を深く記憶にとどめ、心から反省し、二度と過ちを繰り返さない決意」、「過去を忘れることなく、未来を見つめ、新しい相互の理解と友好を深めていきたいと「いう」考え」を記す碑文を有する追悼碑を設置することは、一定の政治的なメッセージを伝えるものである。群馬の森に設置された朝鮮人労働者追悼碑に対しては、その撤去を求める運動、街宣行動がなされていたが、その人たちは、碑文について、「日韓併合は植民地支配ではない。朝鮮の人々に苦痛や損害を与えていない」、「当時の朝鮮人労働者雇用は合法的であり、現在の群馬県民が謝罪や反省を強いられることは不条理極まりない」、「自虐史観の押しつけだ」と批判していた。このことは、追悼碑の碑文の内容自体が、歴史認識や韓国・北朝鮮との関係のあり方などをめぐる政治的な論争の対象となりうるという意味で「政治性」を有していることを示しているのである。

それゆえ、碑文の内容をそのまま訴える集会も、「政治上の主義を推進するようなことを目的とする行為」であり、「政治的行事」に該当するということになりかねない。しかし、東京高裁は、県が国の見解に配慮して認めた碑文は政治的に中立的なものであると理解した上で、政府の見解に反する歴史認識に関する主義主張を訴えることを「政治的」と捉えているようである。ここでは、国や地方公共団体の見解をそのまま伝えることは「政治的」でなく、国や地方公共団体の立場に反する見解を伝えることが「政治的」だという、驚くべきことがいわれている。「政治的」、「政治的中立」といった概念には、国や地方公共団体の立場と異なる意見を伝える表現活動を制限したり、そうした表現活動に援助を与えないために用いられてしまう危険性があるのである。

## 許可条件をどう理解すべきか?

都市公園の管理者が、追悼碑のような表現物の設置を「公園施設」の設置として認める際に、「公園の機能」を維持するための条件を付しうることは、認められるであろう。しかし、公園が本来的な表現活動の場であることからして、条件付与についても、それが表現活動に関わる場合には、表現の自由保障との関係で限界があると解すべきである。

まず第一に、設置者が本来的な表現活動の場である公園において本来行使できる表現の自由・集会の自由を実質上放棄させるようなものであってはならない。第二に、条件は、総合公園としての他の多様な利用との調和という見地から合理的なものでなければならない。公園で表現活動を行うことは公園の本来の機能の一つであり、他の利用方法に劣後するわけではないのであるから、他の利用に少しでも影響がある表現行為はさせないという趣旨の条件は許されない。第三に、許可条件は本来認められるべき表現を萎縮させるものであってはならず、明確でなければならない。許可条件は許可を受けた者にとって明確なものでなければならないのである。

しかし、「宗教的・政治的行事及び管理を行わないものとする」という条件が、許可を受けた団体にとって明確なものであったといえるのか疑問がある。判決は、設置に至る交渉を踏まえれば、「強制連行」という言葉を用いた行事をすることが「政治的行事」にあたると理解できたはずだとしているが、そう決めつけられないことは先に見たとおりである。裁判所の立場は、許可を受けた者が不明確で広範な意味を有する許可条件について的確に忖度していないと論難するものであって、認めがたい。

もっとも、許可条件を表現の自由を侵害しないよう限定的に解釈することも、その限定解釈が許可を受けた者が十分予測できるようなものであれば許されるであろう。確かに、追悼碑の前で、他の公園利用者の利用を著しく損なうような政治集会を開催することは、公園の機能を著しく害するものとして問題がある。もっとも、他の公園利用者が、追悼碑の前で行われる主張に不快感を感じて、リラックスして公園を利用できないといったことを考慮するべきではない。誰かが他人の表現活動の内容に不快感を感じるからといって、そうした不快感を感じないですむように当該表現活動を制限することは、基本的に表現の自由の保障に反するからである。また、追悼碑の前で表明される意見に反対する人たちが押しかけてきて公園の平穏が害され、他の公園利用者が気持ちよく利用できなくなるということがあるとしても、自分が反対である他人の意見を表明させないようにしようと押しかけてきて公園の平穏を害する人たちに問題があるのであり、元々の意見を表明する人たちの表現行為をやめさせることはできない。

そうすると、設置者に対して、許可条件として、追悼碑の前で公園の他の目的での利用を著しく損なうような態様(たとえば大音量でのシュプレヒコール)での政治的行事をしないことを求めることは、許されるであろうし、設置許可を受ける側も十分予測できるであろう。また、追悼碑の前での表現活動は、自己の伝えたい意見などを伝えるものであって、公園管理者である県知事や県の意見を伝えるものではないのであるから、そこで表明される意見を聞いた市民がそれを公園を設置した県の意見であると誤解することは通常ないであろう。しかし、県としては、あたかも県の意見であるかのように政治的意見を表明することは、県の「政治的な中立性」についての疑念を招くので、しないようにと条件を付すことはできるであろう。

以上の検討を踏まえると、条件のうち「政治的行事」については、1「公園の他の目的での利用を著しく損なうような態様での政治的行事」や、2「県の政治的中立性への信頼を明らかに疑わしめるような政治的行事」に限られると限定して解すべきである。さらに、「政治的管理」も、3「公園の他の目的での利用を著しく損なうような態様での政治的行為のために利用すること」や、4「県の政治的中立性への信頼を明らかに疑わしめるような政治的行為のために利用すること」と限定して解すべきである。

## 設置期間更新不許可処分の合憲性

では、はたして追悼碑の前でそうした意味での「政治的行事」が行われていたであろうか。裁判所が問題としている追悼式での発言は、①二〇〇五年四月の追悼式での守る会事務局長の

「強制連行の事実を全国に訴え、正しい歴史認識を持てるようにしたい」との発言、②二〇〇六年四月の追悼式での守る会共同代表の「戦争中に強制的に連れてこられた朝鮮人がいた事実を刻むことは大事、アジアに侵略した日本が今もアジアで孤立している」、「このような運動を「群馬の森」から始め広めていこう」との発言、③二〇一二年四月の追悼式での来賓である朝鮮総聯群馬県本部委員長の「日本政府は戦後六七年が経とうとする今日においても、強制連行の真相究明に誠実に取り組んでおらず、民族差別だけが引き継がれ、朝鮮学校だけを「高校無償化」制度から除外するなど、国際的にも例のない不当で非常な差別を続け民族教育を抹殺しようとしている」との発言である。

これらの発言は、いずれもしめやかに行われた追悼式中の発言であり、「公園の他の目的での利用を著しく損なうような態様での政治的行事」にはあたらない。さらに、来賓である朝鮮総聯群馬県本部委員長の追悼式での発言(発言③)は、朝鮮総聯の立場から日本政府を批判する内容を含むものであるが、そうであるだけに群馬県がそうした主張を支持していると誤解されるような可能性はほとんどない。また、来賓の発言によって式典自体が来賓の政策的主張を支持し推進するための集会と化す可能性も低い。他方、発言①②は、追悼式における守る会の事務局長、共同代表の発言であるが、それらは、強制連行という言葉を用い、強制連行といわれるような事実があったことを社会に広めていこうと呼びかけるものである。しかし、追悼碑がそうした主張を支持するものであるとか、県は追悼碑の設置を許可することによってそうした主張を支持したのだ、と述べているわけではない。それゆえ、発言①②がなされたからといって追悼式が「政治的行事」と化したとはいいがたい。

それに対して、控訴審判決は、これらは政治的発言にあたり、追悼碑を管理する守る会自身が、その碑文に記された事実の歴史認識に関する主義主張を訴えるための行事(政治的行事)を行ったものといえるとし、このような守る会の行為により、追悼碑は、政治的争点に係る一方の主義主張と密接に関係する存在とみられるようになり、中立的な性格を失うに至ったものというべきであるとしている。しかし、追悼式で先に見たような発言がなされたからといって、追悼碑が「政治的争点に係る一方の主義主張と密接に関係する存在」とみられるようになったというのは、ずいぶんと大げさな認定ではないか。

控訴審判決は、追悼式において前記のような政治的発言がなされたために、追悼碑をめぐって街宣活動、抗議活動等が活発化したと述べている。しかし、そもそも追悼碑の撤去を求める人たちは、先に見たような碑文を有する朝鮮人労働者の追悼碑の存在そのものに不快感、憤りを感じているのであって、「強制連行」という発言がその前でなされなければ追悼碑の存在を認めるという立場ではない。発言①〜③を報道した朝鮮新報の記事を見て、その人たちの怒りが強まったということはあるかもしれない。しかし、反対運動・抗議運動の高まりは、むしろ追悼碑の設置期間更新申請の時期が迫ってきたことや、朝鮮半島（韓国・北朝鮮）と日本との間での緊張の高まりへの反応という側面の方が強いように思われる。

以上のように、追悼碑の許可条件違反の「政治的行事」が行われていたとは認められない。それゆえ、追悼碑が公園施設でなくなったという県の主張は根拠を欠くといわざるをえない。公園というパブリック・フォーラムにおいて追悼碑を設置するという表現行為をいったん認めた以上、設置の継続を拒否するためには十分な理由が必要である。しかし、追悼碑設置許可の更新拒否には十分な理由はなく、憲法二一条一項に違反したものであったというべきである。

### 表現の自由制限の口実としての「政治性」

この事例でも、「政治的」、「政治的中立」という概念の問題性が現れている。県は、追悼碑の設置許可をする際に許可条件について、追悼碑の前での集会において「強制連行」という言葉を使ってはいけないという意味であるとは説明していなかった。また、追悼式において「強制連行」という言葉が用いられていたが、県は、それに対して許可条件違反であるという注意や警告をしてはいなかった。そして、追悼碑の設置期間の満了が迫り、また、追悼碑に反対する運動が強まる中で、突然、許可条件違反があったと問題にしだしたのであった。

更新不許可処分時のN都市計画課長、S副知事は、前橋地裁に提出された陳述書において、

(追悼碑設置期間更新を拒否すべきという)県議会での請願や抗議運動を考慮して更新を不許可にしたものではないと明言していた。しかし、県は、控訴審において、初めて、抗議活動の活発化や、社会情勢の変化(日韓関係の緊張)、県議会での請願採択をも考慮して更新を不許可としたと主張した。そうすると、どうやら、県が更新を不許可とした真の理由は、抗議、批判の対象となった施設を撤去したいということではなかったのかと疑われる。設置期間の更新を拒否する理由を探る「あら探し」の中で「強制連行」発言を見つけ、そこから、許可条件に違反した政治的行事がなされた結果、「公園施設」でなくなった、というわかりにくい更新拒否理由を作り上げたのではなかろうか。政治判断による設置期間更新不許可ではなく、政治的中立性を維持するという約束を破った申請者の側の政治的行為のゆえの政治的に中立的な決定である、という装いがとられたのではないか。

国や地方公共団体の立場とは異なった意見はみな「政治的」とされてしまうおそれがあるほど「政治的」という概念はあいまいである。そのため、表現行為を制限したり、表現行為に「援助」を拒否する口実として表現行為の「政治性」が持ち出されてしまう危険があることが、ここでも示されている。

(1)　しんぶん赤旗二〇一四年三月七日「憲法集会　市が後援断る」、週刊金曜日オンライン二〇一四年三月二五日「神戸市が憲法集会の後援を拒否——非核神戸方式への影響懸念も」(https://www.kinyobi.co.jp/kinyobinews/2014/03/25/)。

（2）朝日新聞二〇二〇年一〇月一日(石川県版)「金沢市庁舎前広場訴訟、原告側控訴　規制、他の自治体でも」。神奈川新聞二〇一九年二月六日「〈平成の正体〉行政こそ憲法守る砦に　デモ集合不許可」も参照。

（3）「鎌倉市議会9月定例会議案集(その3)」(二〇一九年)二一頁以下。

第四章

# 放送の自由と公平性

## 1　放送は政治的に公平であるべきか？

### 放送法番組編集準則

しばしば、地上波テレビ放送は、「番組内容が政治的に公平でない」という批判を政治家などから受けている。こうした批判の根拠は放送法が放送の政治的な公平を要求しているからである。すなわち、放送法四条一項は、放送事業者（放送局）に対して、国内放送および内外放送の放送番組の編集にあたっては、次の各号の定めるところによらなければならないとして、「公安及び善良な風俗を害しないこと」（一号）、「報道は事実をまげないですること」（三号）、「意見が対立している問題については、できるだけ多くの角度から論点を明らかにすること」（四号）のほか、「政治的に公平であること」（二号）を挙げている（番組編集準則）。

放送法は、一九五〇年に電波法、電波監理委員会設置法とともに制定された（電波三法）。放送法には、当初から番組編集準則についての規定があった。ただし、当初は、NHKについて番組編集準則として四原則を定める規定（四四条三項）が置かれ、それが民間放送にも準用されるものとされていた。また、一号は「公安を害しないこと」であったのが、一九五九年の改正において「善良な風俗」が加えられた。また、一九八八年の改正において、番組編集準則は放送事業者全般に対する規定として位置づけられた(三条の二。後に四条になっている)。さらに、ネット時代における放送と通信との融合に対応するためになされた二〇一〇年の放送法改正において、放送は、「公衆によって直接受信されることを目的とする無線通信の送信」であったのが、「公衆によって直接受信されることを目的とする電気通信……の送信」(二条一号)へと変更された。これまで政治的公平が問題とされてきたのは地上波放送であったが、「地上基幹放送」である地上波放送だけでなく、「衛星基幹放送」とされるBS放送(衛星放送)、一一〇度CS放送(通信衛星を利用した放送)、「一般放送」とされる有線テレビジョン放送(CATV)、一一〇度CS放送以外のCS放送についても、番組編集準則が妥当するものとされた(それ以前も、地上波放送以外の放送については、有線テレビジョン放送法などで放送法の番組編集準則規定が準用されるものとされていた)。

ところで、放送法は、一条の目的規定において、①放送が国民に最大限に普及されて、その効用をもたらすことを保障すること、②放送の不偏不党、真実および自律を保障することによって、放送による表現の自由を確保すること、③放送に携わる者の職責を明らかにすることによって、放送が健全な民主主義の発達に資するようにすること、という三つの原則を挙げており、この点については今日まで変わっていない。放送法が「放送による表現の自由を確保すること」を原則の一つとして挙げており、また、同法三条が「放送番組は、法律に定める権限に基づく場合でなければ、何人からも干渉され、又は規律されることがない」と放送番組編集の自由を掲げているのは、戦前、放送(日本放送協会のラジオ放送)が国家的な統制を受けており、偏った、また虚偽の報道をすることにより軍国主義化(ひいては悲惨な戦争)を助長したことへの反省からであろう。そして、自由な放送が「健全な民主主義の発達」に寄与するという考え方に立っていると理解できる。放送法一条二号が「放送の不偏不党、真実及び自律を保障することによって」放送による表現の自由を確保するとしていることからして、放送法は、不偏不党で真実を放送することは、放送の自由を認められた放送事業者の自律的な判断によって確保されるという立場をとっているといえよう。

番組編集準則を含む放送法の制定にあたっては、当時のGHQ(連合国軍最高司令官総司令部)の強力な指導がなされたことが明らかになっている。とりわけ、当時のGHQの担当者であったクリントン・ファイスナーGHQ民間通信局調査課長代理が一九四七年一〇月に逓信省に手交したメモ(ファイスナー・メモ)が大きな影響を与えたが、GHQはアメリカの電波行政・放送行政をモデルとした法律の制定を推進したのであった。第二章1で見たように、当時、既にGHQの占領政策は「逆コース」に入りつつあったが、それでもGHQは、放送の自由を認めた上で、放送内容について公平性を要求しつつ、放送行政は政治から独立した行政委員会が行うという仕組みを日本に導入しようとしたのであった。特に、ＧＨＱは、アメリカのＦＣＣ（連邦通信委員会）のような独立行政委員会が電波行政・放送行政を担う仕組みに強くこだわり、電波三法において、電波監理委員会という独立行政委員会が電波行政・放送行政を行う仕組みが取り入れられた。しかし、不承不承、電波監理委員会を設置した日本政府は、占領が解除されるとすぐに電波監理委員会を廃止し、電波行政・放送行政を郵政省の所管とする法改正を提案し、それが実現した。そのため独立した政治的に中立な行政機関が放送行政を担当するという仕組みは、わずか二年しか存続せず、それ以降、内閣の指揮監督を受ける省庁（当初は郵政省。今日では総務省）が放送行政を担当するという仕組みが続いている。

実は、放送行政を行う機関は、アメリカのＦＣＣのように政府から独立した機関であるというのが、「国際基準」（後述する国連人権理事会の特別報告者ケイ氏の訪日報告書）である。たとえば、ドイツでは、州ごとに州政府から独立した州メディア委員会が設立され、当該州での放送行政を行ってきたが、二〇〇八年に、州メディア委員会が共同して、全国レベルでの放送行政を行うＺＡＫ（認可・監督委員会）を設置している。フランスでは、ＣＳＡ（視聴覚高等評議会）が周波数の割当てや、番組の質と多元性の確保の監視などの放送行政を行ってきたが、ＣＳＡは、二〇二二年にHadopi（インターネットにおける著作物の頒布および権利の保護のための高等機関）と統合されてArcom（視聴覚とデジタルコミュニケーション規制機関）となっている。イギリスでは、Ofcom

（放送通信庁）が民間放送だけでなく、公共放送であるBBCに対しても監督・規制を担うことになっている。後で見るように、内閣の指揮監督を受ける省庁が放送行政を行うという日本の仕組みが放送の自由にとって深刻な意味をもってしまっているのである。

番組編集準則は、GHQのファイスナー・メモをもとにまとめられたものであるが、それとほぼ同じ内容は一九四五年九月のGHQの覚書「日本に与うる放送準則」（ラジオ・コード）に見ることができる。番組編集準則は、ラジオ・コード、ファイスナー・メモを通じて間接的に、アメリカにおいてFCCが連邦通信法を適用する中で確立してきた原則である公平原則（Fairness Doctrine）を参考にして導入されたものと推測される。この公平原則は、①公的重要論点を相当な時間放送することと、②公的重要論点につき相対立する見解を抱く人物に、その見解を公表するための相当な機会を与えること、を放送事業者に対して要求するものである。

## 番組編集準則は法的な拘束力をもつのか？

電波法七六条一項は、「総務大臣は、免許人〔無線局の免許を受けた者〕等がこの法律、放送法若しくはこれらの法律に基づく命令又はこれらに基づく処分に違反したときは、三月以内の期間を定めて無線局の運用の停止を命じ、又は期間を定めて運用許容時間、周波数若しくは空中線電力を制限することができる」、と定めている（傍線は引用者）。そこで、放送法四条が法的な拘束力のある規定であれば、総務大臣は放送法の番組編集準則に違反した特定地上基幹放送事業者（従来からの地上波放送局）に対して無線局の運用の停止（つまり放送の停止）を命ずることができることになる。(1) また、総務大臣は、特定地上基幹放送事業者以外の放送事業者が放送法の番組編集準則に違反した場合には、放送法に基づいて放送の業務の停止を命ずることができることになる（同法一七四条）。

しかし、表現者に対して、その表現が「政治的に公平であること」などを要求するのは、表現内容に基づく規制であり、第一章3で見たように、よほどの必要性がなければ認めてはならないものである。もし新聞に対して政治的に公平な報道をするように義務づける新聞紙法があったなら、それが新聞の報道の自由を侵害し憲法二一条一項違反になることは明らかであろう。しかし、放送に対して政治的に公平な報道をするように義務づけることは、憲法上許されるのであろうか。

## 2　放送に公平性を要求することの問題性

### 伝統的な考え方

従来、一般に、放送については新聞等の印刷メディアとは異なった表現内容の規制を行うことも憲法上許されうると考えられていた。その根拠としては、周波数の有限性・稀少性と放送の特殊な社会的影響力が挙げられてきた。

第一の「周波数の有限性」論とは、次のようなものである。まず、電波の周波数が有限であるため、放送局開設を希望する者がみな放送局を開設し放送を行うことはできない。各人が勝手に放送を行えば混信してしまい、結局放送による表現はすべてできなくなってしまうので、政府が、周波数を割り当てて放送局開設の免許を与えるシステムが不可欠である。しかも、放送を希望する者が多いのに対し、利用可能なチャンネル数はずっと少ない。それゆえ、この放送免許制の下で免許を与えられた者は、他の希望者に優先して免許を得る権利を有しているわけではないのに、他人を排除して周波数を独占することになる。そこで、放送免許を与えられた者に対して、視聴者の知る権利の実現のために、当該社会の代表的な見解(他の放送希望者が伝えたであろう見解)を伝えるよう要求しうる、と。第二の「放送の特殊な社会的影響力」論とは、放送が直接家庭の団欒の場に飛び込んでくるものであり、視覚・聴覚に訴えるものであることなどからして、印刷メディアとは異なる強い社会的影響力を有することから、放送の内容(特に性的な表現や残虐な表現)について規制を加えることができる、というものである。これらのうち、放送に公平を要求できる主たる根拠とされたのは、「周波数の有限性」論であった。

しかし、今日では、多メディア化多チャンネル化が進み、従来の地上波を用いたラジオ放送、テレビ放送に加え、ＢＳ放送（衛星放送）、ＣＳ放送（通信衛星を利用した放送）、ＣＡＴＶ（有線テレビ放送）、さらにはＡＢＥＭＡのようなインターネットを用いた放送類似の動画配信も登場している。こうして今では、もはや電波周波数の有限性は放送内容規制の根拠とはならないのではないかという批判が強まっている。実際、アメリカでは、一九八七年に、ＦＣＣは、既に電波周波数の稀少性は存在しないとして、公平原則を廃止している。また、「放送の特殊な社会的影響力」論に対しても、放送が印刷メディアとそれほど異なる社会的影響力を有するとは科学的に実証されておらず、確かなことではないなどといった批判が向けられている。

## 新たな根拠の模索

こうして、放送が印刷メディアと異なり広く内容規制を受けるという立論は認められないという見解も有力となっている。しかしながら、他方、アメリカにおいても日本においても、放送について印刷メディアとは異なった内容規制を加えることについての新たな根拠の模索がなされてきている。

まず、わが国でもよく知られている「マス・メディアの部分的規制」論がある。提唱者の憲法学者リー・ボリンジャー教授は、放送が稀少性の点でも社会的影響力の点でも印刷メディアと区別しにくいことを認めつつ、放送と印刷メディアとを区別し、前者について公平原則の適用を含むアクセス規制を加えることが適切である、と主張している。すなわち、放送に対してアクセス規制を加えることは、情報の伝達における不平等を是正し、情報が受け手に伝わる機会を平等化することによって、表現の自由保障の目標(思想の自由市場の確立)を実現するのに役立つ。しかし、それは、規制を受ける者に対する萎縮的効果(規制を恐れて論争的な問題を取り上げるのを避ける等)や規制機関による過度の規制の可能性が存在するといった点で問題があり、表現の自由にとって諸刃の剣である。しかし、規制されていない印刷メディアが、放送によって伝えられないかもしれない情報を伝え、放送に対する過剰な規制を批判するとともに、放送の規制がそれと比較される水準点(benchmark)ともなる。このように部分的規制という形でアクセス規制がなされれば、その利点も発揮できるとともにマイナス効果も抑えられる、というのである。

こうした部分的規制論にはたいへん興味深いものがあるが、特定のメディアにだけ内容規制を加え、他のメディアには加えないという部分的規制システムの意義という説明だけでは、印刷メディアではなくほかならぬ放送が内容規制の対象となる根拠が明らかでない。というのも、印刷メディアのみへのアクセス規制も、部分的規制システムだからである。そこで、ボリンジャー教授は、印刷メディアと放送との憲法的伝統を理由に放送こそが規制されるべきであるとする立場に至ったようである。

浜田純一教授は、この両メディアの憲法的伝統の相違に着目した理論づけを提唱している（「未成熟な基本権たる放送の自由」論）。浜田教授によれば、まず、表現の自由には、送り手が意見を表明し情報を流布する自由を保障するという主観的側面と、社会に流通する意見や情報の幅広い多様性を保障するという客観的側面が存在する。そして、新聞の場合には、客観的側面は主観的側面の保障によって自然に実現されていくと前提されているが、放送の場合には、主観的側面の保障がただちに客観的側面の保障にはつながらないと考えられており、そのため客観的側面そのものを直接に保障するための規制が認められる余地がある。というのも、新聞の自由は、国家権力による規制と戦うなかで確立したという歴史的過程において、主観的側面の保障が自然に客観的側面の保障に至るという機能モデルが公理となっているのに対し、他方、放送の自由はそのような国家権力との闘争の結果確立したものではなく、右のような機能モデルは人々の規範意識の中で確立していないのであって、現段階では「未成熟な基本権」である、というのである。

さらには、マス・メディアの表現の自由を個人の表現の自由とは質的に異なったものと捉える主張もなされてきている。たとえば、長谷部恭男教授は、憲法上の表現の自由は、保障の根拠を異にする二種類の表現の自由から成り立っている、と主張する。すなわち、個人の表現の自由は、個人の自律性の直接の現れであり、社会全体の利益に基づく政策決定をくつがえす

「切り札」たる人権としての表現の自由であるが、マス・メディアの表現の自由は、社会全体の利益（民主的政治過程の維持、情報の多様化、視聴者の効用の最大化）に基づいて政策的に保障された権利である、という。それゆえ、マス・メディアの表現の自由は、それを支える政策的根拠が自由の制約を要求する場合や、他のより重要な社会的利益と衝突する場合には、くつがえされるべき権利であることになる。長谷部教授はマス・メディアの自由をこのように理解して、番組内容や組織について規制の伴う放送体制が、視聴者の効用最大化、基本的な情報の公平な提供に役立つことを理由に許容されうるとしている。

私自身も、マス・メディアの表現の自由を個人の人権としての表現の自由と区別する考え方をとっている。日本国憲法の保障する権利は人間である以上当然もっているはずの価値である「人権」であるから（憲法一一条、九七条）、憲法二一条の保障する表現の自由も、本来個人の人権としてのそれであるはずである。しかし、現代においては諸個人の集団的な人権の行使は、そうした集団の行為をそれに属する個々の個人の権利行使に還元できないほど、社会的実在性を有するに至っている。それゆえ、団体・法人の活動には、それを構成ないし運営する諸個人による人権の共同行使と捉えられる限りで、および、そうした人権の共同行使を実効的にするのに必要な限りで、憲法上の権利の保障が及ぶと解される。つまり、憲法二一条の表現の自由は、個人だけでなく、少なくとも表現目的で設立された団体・法人であるマス・メディアも享有できるが、このマス・メディアの表現の自由は、マス・メディアを構成するジャーナリストの表現の自由を実現するためにこそ、認められるのである。

もっとも、マス・メディアの表現の自由が個人の表現の自由保障のために認められるといっても、保障の性質・程度が個人の表現の自由と同じである必要はない。マス・メディアの表現の自由は、それを構成するジャーナリストの表現の自由実現という目的や、国民の表現の自由・知る権利の保障という観点から特権を認められ、あるいは制限を受けることがあると考えるべきである。しかし、マス・メディアの自由な表現活動がなされてこそ、その構成員の表現の自由の実現、国民の知る権利への奉仕が可能なのであるから、表現内容の規制は原則として許されるべきではない。

こうしたマス・メディアの表現の自由を個人の人権としての表現の自由と区別する考え方をとった場合、表現内容の規制の許容性について、放送と印刷メディアとを原理的に区別することはできない。しかし、地上波テレビはなお、国民が必要とする情報を総合的に提供するメディアとして最も重要なものである。近年の多メディア化・多チャンネル化には著しいものがあるが、今のところ、その影響力の点でも、効率の点でも地上波テレビに匹敵するコミュニケーションのチャンネルは存在していない。そして、地上波テレビについていえばなお電波周波数の稀少性が解消されたということはできないのであるから、地上波テレビの放送局に対し、他の放送希望者が伝えたかったであろう事柄をも伝えるよう要求すること、つまり多様な公的論点の多角的解明を求めるという意味で公平を要求することは憲法上許されるであろう。

## 番組編集準則の法的拘束力

以上見てきたように、従来、放送に対して特別な内容規制を行うことは憲法上許されうるという理解が一般的であったが、放送法の番組編集準則規定の法的拘束力が否定され、同条項は倫理的な規定と解されてきた。なぜなら、「政治的公平」という概念は不明確であるのに、その判断基準が放送法以下の法令によって定められておらず、また、「政治的公平」に反することを認定する手続きが法定されていないからである。それにもかかわらず監督官庁である郵政省・総務省が「政治的公平」要求違反を認定することになると、恣意的な判断がなされる危険があるばかりか、放送局に対して強い萎縮的な効果を及ぼすことになる。そうした事態は、放送法自身が放送による表現の自由の確保を目的の一つとしていることと矛盾するであろう。

そして、郵政省も長い間、番組編集準則の法的拘束力を否定する立場をとってきた。たとえば、郵政省が設置した臨時放送関係法制調査会に同省が提出した「放送関係法制に関する検討上の問題点とその分析」(一九六四年)は、番組編集準則は「法の実際的効果としては多分に精神的規定の域を出ないものと考える。要は、事業者の自律にまつほかない」、としていた。また、国会においても、郵政省の局長が繰り返し同様の答弁を行っていた。

また、実際、放送法は、放送事業者による自主規制を求めている。放送法は、一九五九年の改正において、放送事業者に対して放送番組の編集の基準（番組基準）を定めることと、放送番組の適正を図るため放送番組審議会を設置し、番組についてその意見を聞くことを義務づけた（現在の五条と六、七条）。このように、自主規制を求めつつ、視聴者の意見も番組内容の向上に反映させようという、「規律された自主規制」、「放送番組規律の「日本モデル」」がとられている。

さらに、二〇〇三年に、ＮＨＫと民放連（日本民間放送連盟）は、放送における表現の自由を確保しつつ、視聴者の基本的人権を擁護するため、放送への苦情や放送倫理の問題に対応する第三者機関として、ＢＰＯ（放送倫理・番組向上機構［Broadcasting Ethics and Program Improvement Organization］）を設置している。現在、ＢＰＯには、放送倫理検証委員会、放送人権委員会、青少年委員会の三つの委員会があり、真実性を欠く、公平性を欠くとされた放送番組については放送倫理検証委員会が審議、審理をしている。これは、放送の真実性・公平性については、権力的な規制、介入を排して放送界が共同で自主的に担保しようとするものである。

## 3　最高裁にとっての放送の自由

これまで放送事業者が番組編集準則を裁判で争ったことはなく、番組編集準則が法的拘束力を有するか否か、また、「政治的に公平であること」の意味について、最高裁の見解は示されていない。そこでここでは、最高裁が放送の自由をどのように捉えているかを見ておこう。

### NHK生活ほっとモーニング事件判決

最高裁判決の中には放送の自由を尊重する姿勢を示したものもある。放送法は、「放送事業者が真実でない事項の放送をしたという理由によって、その放送により権利の侵害を受けた本人又はその直接関係人から、放送のあった日から三箇月以内に請求があったときは、放送事業者は、遅滞なくその放送をした事項が真実でないかどうかを調査して、その真実でないことが判明したときは、判明した日から二日以内に、その放送をした放送設備と同等の放送設備により、相当の方法で、訂正又は取消しの放送をしなければならない」と定めており（九条一項）、この規定に違反すれば罰金が科されることになっている（一八六条一項）。一九九六年六月にNHKの朝の情報番組である生活ほっとモーニングが「妻からの離縁状・突然の別れに戸惑う夫たち」と題する放送を行い、その中で中高年になってから離婚をした男性が登場しインタビューに答え、その発言とナレーションによって離婚の事例を紹介したところ、元妻が、離婚の経緯や離婚原因に関する真実でない事項の放送がされたことによって、名誉が毀損され、プライバシーを侵害されたと主張して、NHKに対して放送法に基づき訂正放送をするよう求めた。

これに対して、最高裁は、真実でない放送を行った放送事業者に対して訂正放送等を行うことを義務づける放送法の規定は、真実でない放送による被害者に対して訂正放送を行うよう請求する権利を認めるものではないとした（NHK生活ほっとモーニング事件判決・最高裁二〇〇四〔平成一六〕年一一月二五日第一小法廷判決）。

最高裁は、まず、「憲法二一条が規定する表現の自由の保障の下において、［放送］法一条は、「放送が国民に最大限に普及されて、その効用をもたらすことを保障すること」（一号）、「放送の不偏不党、真実及び自律を保障することによって、放送による表現の自由を確保すること」（二号）、「放送に携わる者の職責を明らかにすることによって、放送が健全な民主主義の発達に資するようにすること」（三号）という三つの原則に従って、放送を公共の福祉に適合するように規律し、その健全な発達を図ることを法の目的とすると規定しており、法二条以下の規定は、この三つの原則を具体化したものということができ」、「法三条は、上記の表現の自由及び放送の自律性の保障の理念を具体化し、「放送番組は、法律に定める権限に基く場合でなければ、何人からも干渉され、又は規律されることがない」として、放送番組編集の自由を規定している」ことを指摘する。

そこで、「法四条一項〔現在の九条一項〕も、これらの規定を受けたものであって、上記の放送の自律性の保障の理念を踏まえた上で、上記の真実性の保障の理念を具体化するための規定であると解される」。結局、同条項は、「真実でない事項の放送がされた場合において、放送内容の真実性の保障及び他からの干渉を排除することによる表現の自由の確保の観点から、放送事業者に対し、自律的に訂正放送等を行うことを国民全体に対する公法上の義務として定めたものであって、被害者に対して訂正放送等を求める私法上の請求権を付与する趣旨の規定ではないと解するのが相当である」、とするのである。

最高裁は、真実でない報道をされた者に訂正請求権を付与することが憲法二一条違反となるとまでは述べていない。放送法が憲法二一条を踏まえて、表現の自由と放送の自律性の保障の理念を基本として放送制度を構築していることを重視して、訂正放送義務の規定を解釈したわけである。

## NHK女性国際戦犯法廷事件判決

また、最高裁は、放送事業者には放送の自由があることから、取材対象者は自己の期待通りに放送をしてもらう法的な利益を有さないとしている(NHK女性国際戦犯法廷事件判決・最高裁二〇〇八[平成二〇]年六月一二日第一小法廷判決)。NHKは、教育テレビの番組であるETV2001において、全四回にわたる「戦争をどう裁くか」と題するシリーズ番組の第二回目として、二〇〇一年一月に「問われる戦時性暴力」の標題で、従軍慰安婦問題を裁く民衆法廷「日本軍性奴隷制を裁く女性国際戦犯法廷」を取り上げた。それに対して、この民衆法廷を開催し、番組の取材に全面的に協力した団体(VAWW-NETジャパン)が、実際に制作、放送された番組の趣旨、内容が、自分たちが取材を受けた際に説明を受けたものとは異なっており、女性国際戦犯法廷をつぶさに紹介する趣旨、内容の放送がされるとの期待、信頼が侵害されたとして、NHKと取材・制作にあたった番組制作会社等に対して損害賠償を求める訴訟を起こした。

最高裁は、一条、三条などの「放送法の条項は、放送事業者による放送は、国民の知る権利に奉仕するものとして表現の自由を規定した憲法二一条の保障の下にあることを法律上明らかにするとともに、放送事業者による放送が公共の福祉に適合するように番組の編集に当たって遵守すべき事項を定め、これに基づいて放送事業者が自ら定めた番組基準に従って番組の編集が行われるという番組編集の自律性について規定したものと解される」、ということから出発する。そうすると、「法律上、放送事業者がどのような内容の放送をするか、すなわち、どのように番組の編集をするかは、表現の自由の保障の下、公共の福祉の適合性に配慮した放送事業者の自律的判断にゆだねられているが、これは放送事業者による放送の性質上当然のことということもでき、国民一般に認識されていることでもあると考えられる」。そこで、「放送事業者がどのように番組の編集をするかは、放送事業者の自律的判断にゆだねられており、番組の編集段階における検討により最終的な放送の内容が当初企画されたものとは異なるものになったり、企画された番組自体放送に至らない可能性があることも当然のことと認識されているものと考えられることからすれば、放送事業者又は制作業者から素材収集のための取材を受けた取材対象者が、取材担当者の言動等によって、当該取材で得られた素材が一定の内容、方法により放送に使用されるものと期待し、あるいは信頼したとしても、その期待や信頼は原則として法的保護の対象とはならないというべきである」、としている。

確かに、取材を踏まえてどのような番組を作成し放送するかは表現の自由の内容をなすのであって、取材対象者の期待に反した放送を行ったからといってそれが違法になるものではないはずである。最高裁は、憲法二一条に配慮した放送法の規定を根拠として、放送の自由を尊重する判断をしたのである。

ただし、最高裁も、「当該取材に応ずることにより必然的に取材対象者に格段の負担が生ずる場合において、取材担当者が、そのことを認識した上で、取材対象者に対し、取材で得た素材について、必ず一定の内容、方法により番組中で取り上げる旨説明し、その説明が客観的に見ても取材対象者に取材に応ずるという意思決定をさせる原因となるようなものであったとき」は、取材対象者が自分に対する取材で得られた素材が一定の内容、方法で当該番組において取り上げられるものと期待し、信頼したことが法律上保護される利益となりうるものというべきであるとして、例外的に取材対象者の期待が法的に保護される利益となることを認めている。しかし、「当該取材に応ずることにより必然的に取材対象者に格段の負担が生ずる場合」でなくても、取材対象者がもともと取材に応じるつもりではなかったのに、放送事業者の側が一定の内容、方法で放送するからと熱心に説得して、取材にこぎつけたにもかかわらず、提案した内容、方法から著しく逸脱した放送をしたような場合には、いくら放送事業者に放送の自由があるといっても、取材対象者をだまして取材し放送したとして不法行為となると考えるべきではないかと思われる。また、放送内容が取材した事実と異なる場合には、それが取材対象者に対する名誉毀損にあたるということもあるであろう。

## 政治的忖度による番組改編

なお、問題の番組「問われる戦時性暴力」には、制作過程において政治的圧力によって、あるいは少なくとも政治的な忖度によって内容が大きく改編されたのではないか、という問題がある。朝日新聞が、安倍晋三官房副長官と中川昭一衆議院議員の圧力により内容が改編された疑いがあると報じたことから、それを「朝日新聞虚偽報道問題」としてニュース7で連日のように強く批判するNHKと朝日新聞との間で激しい論争が生じた。後に、BPOの放送倫理検証委員会は「NHK教育テレビ『ETV2001シリーズ戦争をどう裁くか』第二回「問われる戦時性暴力」に関する意見[2]」において、公共放送NHKの自主・自律を危うくし、視聴者に重大な疑念を抱かせる行為だったなどと指摘し、放送・制作部門と国会対策部門の分離がなされるべきだと述べている。

放送倫理検証委員会は、当該番組の制作・改編過程については、NHKが公式見解として公表した説明文書に沿って検討している。このNHKの説明文書からは、改編は間断なく、こまごまと行われていたが、制作会社からNHKへ、教養番組部長の指示、国会担当局長の関与、番組制作局長と放送総局長の指示という四つの大きな波があったことがわかる。そこでの特徴は、NHKの幹部管理職による指示・関与、特に番組制作とは関係のない国会担当局長の関与がなされていることである。そして、彼ら幹部管理職らは、番組の質よりも安全を優先することを、おそらくは「自主的・自律的」に選んでいたように見え、その結果、番組は、不自然な修正が繰り返され、安定した視点を欠き、当初の企画趣旨から逸脱したものとなってしまったという。

NHKの説明文書によれば、放送前日の午後、国会担当局長が放送総局長を伴って、安倍官房副長官を訪ね、面談している。その際、放送総局長が、多角的な視点に立った番組である旨を説明すると、官房副長官は、従軍慰安婦問題の難しさや歴史認識問題と外交について持論を語った上で、「こうした問題を公共放送であるＮＨＫが扱うのであれば、公平公正な番組になるべきだ」との意見を述べたという。官房副長官は番組修正について具体的な要求はしていないとのことだが、面談から戻った国会担当局長は、放送総局長らとただちに試写に臨み、幹部管理職の協議の後、改編箇所を具体的に指示している。ここからは少なくとも、ＮＨＫの幹部管理職が政治的な忖度をして番組内容改編の指示をしていたことが認められる。

番組編集においてこうした政治的な忖度がなされた背景には、ＮＨＫ予算が国会によって承認されるという仕組みがある。それにしても放送倫理検証委員会の意見書が厳しく指摘しているように、ＮＨＫの幹部管理職が政治家に個々の番組の内容を事前に説明し理解を求めるということが行われていたことはきわめて問題である。そして、政治的な忖度をさせるために用いられたのが「政治的に公平であること」の要求であったことは注目すべきである。

## ＮＨＫ受信料と放送制度

最高裁は、受信設備（テレビ）設置者にＮＨＫとの受信契約締結を義務づける放送法六四条一項が受信設備設置者の契約の自由、知る権利、財産権等を侵害するものではなく、合憲であると判断した（ＮＨＫ受信料訴訟判決・最高裁二〇一七［平成二九］年一二月六日大法廷判決）が、そこでは、放送の自由が制度的な自由であることが意識されている。

ここでも、最高裁は、「放送は、憲法二一条が規定する表現の自由の保障の下で、国民の知る権利を実質的に充足し、健全な民主主義の発達に寄与するものとして、国民に広く普及されるべきものであ」り、そうした放送の意義を踏まえて放送法が制定されている、ということから出発する。そして、「電波を用いて行われる放送は、電波が有限であって国際的に割り当てられた範囲内で公平かつ能率的にその利用を確保する必要などから、……元来、国による一定の規律を要するものとされてきたといえる」、と周波数の有限性・稀少性を根拠とする伝統的な立場によっている。ここから、「具体的にいかなる［放送］制度を構築するのが適切であるかについては、憲法上一義的に定まるものではなく、憲法二一条の趣旨を具体化する……放送法の目的を実現するのにふさわしい制度を、国会において検討して定めることとなり、そこには、その意味での立法裁量が認められてしかるべきであるといえる」とする。

最高裁は、その上で、「公共放送事業者と民間放送事業者との二本立て体制の下において、前者を担うものとして原告［ＮＨＫ］を存立させ、これを民主的かつ多元的な基盤に基づきつつ自律的に運営される事業体たらしめるためその財政的基盤を受信設備設置者に受信料を負担させることにより確保するものとした仕組みは、……憲法二一条の保障する表現の自由の下で国民の知る権利を実質的に充足すべく採用され、その目的にかなう合理的なものであると解されるのであり、かつ、放送をめぐる環境の変化が生じつつあるとしても、なおその合理性が今日までに失われたとする事情も見いだせないのであるから、これが憲法上許容される立法裁量の範囲内にあることは、明らかというべきである」、とした。そして、「このような制度の枠を離れて被告［受信契約を拒否している人］が受信設備を用いて放送を視聴する自由が憲法上保障されていると解することはできない」、というのであった。

この判決は、周波数の有限性・稀少性という伝統的な論拠にも依拠しているが、放送制度は、国民の知る権利を実質的に充足するために立法者によって形成されるべきものだということこそ、合憲判断の主たる基礎づけであると思われる。そこには、次に見るドイツの憲法裁判所の立場との類似性が認められる。ただ、放送制度構築にとっての立法裁量が認められ、また、放送の自由が放送制度によって内容が形成されていく自由であるとしても、直ちに現行の放送法の番組編集準則に法的拘束力があるということにはならない。現行の放送法の諸規定をどのようなものと理解するかを検討しなければならないからである。

## 4　海外における放送内容の公平の要求

### アメリカにおける公平原則の廃止

先述のように、アメリカにおいては、ＦＣＣ（連邦通信委員会）が連邦通信法を適用する中で、①公的重要論点を相当な時間放送すること、および、②公的重要論点につき相対立する見解を抱く人物に、その見解を公表するための相当な機会を与えること、を放送事業者に対して要求する公平原則を確立していた。この公平原則が許される根拠は、当時、一般に周波数の有限性・稀少性に求められていたが、合衆国最高裁も、周波数の有限性・稀少性を根拠に、直接的には公平原則から派生した「個人攻撃のルール」（公的重要論争点にかかわって放送を通じて攻撃された者に反論の機会を与えねばならないとする）の、そして間接的には公平原則自体について、表現の自由を保障する憲法修正一条に違反しないとして合憲性を認めていた(3)。さらに、一九八四年に、合衆国最高裁は、連邦の補助金を受けている非営利的教育放送局に社説放送を禁ずる連邦法律について、最も厳しい基準で合憲性を判断する必要はないとしたが、周波数の有限性・稀少性がその根拠とされている(4)。

なお、合衆国最高裁は、(a)放送メディアがアメリカ人の生活に特に深く浸透した存在となっていることと、(b)まだ読むことができない幼い子供もアクセスできるということの二点に依拠して、わいせつには至らない下品な放送を規制する権限をＦＣＣに認めても違憲ではないとしている[5]。下品な放送の規制については、放送の別の特性を論拠としているのである。

このように判例上は周波数の有限性・稀少性を根拠に公平原則の合憲性が認められていたが、メディア市場が変化する中で批判が高まり、一九八七年に、ＦＣＣは、既に周波数の稀少性は存在しないとして、公平原則を廃止した。これ以降、アメリカでは放送に公平性は要求されていない。

## ドイツにおける多様性の要求

他方、ドイツやフランスでは放送の内容に対して多様性が要求されている[6]。

ドイツの憲法である基本法は、言語、文書および図画によって自己の意見を自由に表明し流布する権利とともに、プレスの自由ならびに放送および映画による報道の自由を保障している（五条一項）。ドイツの連邦憲法裁判所は、プレスの自由について、第一次的には防御権（国家からの自由）としての性格を有するが、プレスが意見形成に寄与するという公的な任務（öffentliche Aufgabe）を果たすことを考慮して「自由なプレス」という制度をも保障している、としている。

さらに、憲法裁判所は、放送の自由については、プレスの自由以上に制度的な側面を有する権利であるとしている。

憲法裁判所は、放送制度に関する諸判決(「放送判決」と呼ばれる)において、放送の自由を意見形成に奉仕する自由(dienende Freiheit)であるとし、放送の自由の内容として、放送事業者の表現の自由とともに、放送における意見多様性の確保という憲法上の要請を導き出している。そして、放送の自由は立法によって内容が形成される権利であり、立法者には放送制度を構築するにあたり立法裁量が認められるが、立法者は、放送に関する法律によって放送事業者の表現の自由を過剰に制限してはならないだけでなく、放送における意見多様性も確保しなければならないとされる。実際、一九八一年の第三次放送判決は、ザールラント州放送法における民間放送についての規定が、意見多様性確保のための規律が不十分であり違憲であるとしている。

連邦制国家であるドイツにおいては、放送は州の専属的権限に属するとされ、各州で放送法が制定されており、さらに各州の放送制度を調整するために放送州際協定が結ばれている。憲法裁判所の諸判決を踏まえて、各州の放送法や放送州際協定は番組原則を定めており、そこでは、ジャーナリストの注意義務、番組における人間の尊厳の尊重、婚姻と家族の尊重、男女平等の実現、国際理解の促進とともに、総合番組における意見多様性の確保の要請が掲げられている。このようにドイツでは、公共放送、民間放送とも、番組における意見多様性の確保が義務づけられている。しかし、憲法裁判所は、意見多様性の確保について公共放送が大きな役割を果たすことを期待しており、公共放送が放送における「基本的供給」という責務を果たしている限り、民間放送に対しては、可能な限り均衡のとれた多様性が確保されるような仕組みであればよいとしている。民間放送における意見多様性の不均衡は、それが重大でない限り、公共放送による基本的供給を前提として甘受されうる、というのである。

確かに、州の放送法は、民間放送事業者に対して、番組の記録と保存を義務づけており、州メディア委員会はそれらを閲覧することができるとしている。州メディア委員会は、民間放送において放送法違反がある場合、それを除去し、繰り返さないよう命令ができ、放送事業者が命令に従わず違反を繰り返す場合には、免許を取り消すこともできる。しかし、実際には、番組原則が用いている概念の多くが監督の基準とするには不明確であることから、意見多様性確保を目的とする民間放送の監督実務においては、番組における多様性確保の監督の意義はわずかであり、むしろ放送事業者の集中排除措置が重視されているようである。

このようにドイツでは、番組内容における意見多様性の確保が義務づけられているのだが、少なくとも民間放送については、個別の番組がそうした要請に従っているかどうかについて厳密な監督を受けているわけではない。なお、青少年保護と広告規制の分野では、民間放送は放送内容について実効的な監督を受けている。

がなされている。

## フランスにおける多様性の要求

フランスにおいても放送内容の多様性が要求されているが、ドイツに比べて立ち入った監督がなされている。

フランスの違憲審査機関である憲法院(今日では裁判機関であるとされている)は、多くの判決において、「社会文化的な表現の諸潮流の多元的性格の維持」、後には「思想および意見の諸潮流の多元性」が、憲法的効力をもつ目的または原理であるとしている。そして、多元性原理が、読者・視聴者の憲法上の権利および民主制と結びついた憲法的効力をもつ目的・原理であり、活字メディアにも、放送を含む視聴覚コミュニケーションにも妥当することが明らかになっている。この多元性原理は、メディアに対する規制を正当化するだけでなく、多元性を確保するように立法者を義務づけるが、多元性原理の具体化については立法者に裁量が認められる。こうした憲法院の判断を受けて、二〇〇八年に憲法改正がなされ、法律は「メディアの自由、多元性および独立性」に関する準則を定める(三四条一項)、という規定が設けられた。

こうした憲法院の判決、それに基づく憲法改正を踏まえて、フランスでは多元性が、メディア法の基本原理の一つとして位置づけられている。そして、活字メディアについては、メディア企業の集中排除規制と国庫助成制度により、外部的多元性を確保する制度が中心であるのに対して、放送法分野では、放送内容にまで立ち入って多元性を確保しようとする制度が設けられている。こうした内部的多元性を確保しようとする仕組みは、特に政治報道に関する番組において見られ、選挙運動期間以外の時期における三者対等ルールや、選挙運動期間中における候補者間の公平あるいは平等な取扱いの要請といった番組制作・編成に関わる準則のほか、政党やその他の社会的諸勢力に認められた放送へのアクセス権などがある。三者対等ルールとは、放送を監督する独立した機関であるＣＳＡ（視聴覚高等評議会）が定めていたルールであり、政府・与党に属する政治家、野党に属する政治家の発言時間をそれぞれ等しくするよう求めるものである。政治報道のみに関わらないものとしては、反論権、国内製・ヨーロッパ製番組のクォータ制、フランス語歌曲のクォータ制などがある。

ＣＳＡは地上波全国放送の全番組を保存してモニターし、「政治的多元性の確保」、「子ども保護」といったテーマごとの作業部会がその内容をチェックしていた。そして、規制違反に対しては、催告、ＣＳＡの声明文の放送中での読み上げ、金銭的制裁といった制裁が加えられることになっていた。それゆえ、番組内容における多元性についても、ＣＳＡによる立ち入った監督の対象となっていた（こうした点については Arcom への改組後も変わっていない）。

ＣＳＡによる放送の内部的多元性確保のルールの特徴は、数字的・量的な規制であるところにある。政治的に公平な番組であるかどうかを番組内容に立ち入って判断することが困難であることから、こうした定量的な基準が用いられていたと解される。ただ、三者対等ルールは、厳格な遵守が要求されているわけではなく、四半期ごとに集計され、よほどの逸脱がある場合にのみ警告がなされ、制裁手続が開始されるという運用がなされていた。

三者対等ルールについては、①国会に議席をもたない政党に属する人物や、労働組合等の社会的勢力、学者等の存在が考慮されていない、②大統領の発言時間が考慮されていない、③与党とも野党とも分類しがたい政党の取扱いが困難である、④発言時間を考慮するだけでは不十分であり、発言が行われた番組の視聴率や取り上げ方も考慮すべき、⑤ルールの機械的な運用は、時宜に応じた番組内容を定める放送局の自由を侵害する、などといった批判があった。

CSAはこうした批判や行政裁判所（コンセイユ・デタ）の判決を受けて、二〇〇九年に、三者対等ルールについて、大統領の発言の一部を考慮に入れることとし、放送事業者は、与野党いずれにも属しない国会内政党の政治家や国会に議席をもたない政党の政治家にも、その議席数や選挙結果等を考慮して公正な発言時間を与えなければならないなどと、一定の改善を行った。そして、結局、二〇一八年一月以降、政府・与党・野党の三者対等ルールは明示的に変更され、三分の一が政府（大統領の発言も含む）にあてられ、残りの三分の二は主要な国政政党の間で公平に配分されることになっている。

こうした経緯からは、支配的な政治的勢力だけでなく、広く政治的な勢力を含む形での放送内容の多様性を時間的な平等性という形で確保しようとすると、結局、定量的な基準による形式的な平等性の追求だけではすまず、実質的な平等性をも考慮せざるをえなくなる、という困難な課題が登場することがうかがわれる。

## 5　政権交代を意図した選挙報道？

### テレビ朝日椿発言事件

話を日本に戻そう。先述のように、郵政省は放送法の番組編集準則に法的拘束力を認めてこなかったが、政治的に偏向した選挙報道がなされたのではないかが問題となった一九九三年のテレビ朝日椿発言事件を契機として、番組編集準則には法的な拘束力があるという立場をとるようになった。

一九九三年六月に自民党の一部議員が賛成したことにより衆議院で宮沢喜一内閣に対する内閣不信任案が可決され、衆議院が解散された。そして、翌月の衆議院議員総選挙の結果、非自民連立政権（細川護熙内閣）が成立し、ここに一九五五年以来のいわゆる五五年体制は終わりを迎えた。こうした政権交代、五五年体制終焉の興奮が覚めやらぬ中、同年九月二一日に行われた民放連の放送番組調査会で、テレビ朝日の椿貞良報道局長は、「五五年体制を突き崩さないとだめだ、ということで選挙報道に当たった」、自民党を離党した「小沢一郎氏［新生党代表幹事」のけじめをことさら追及する必要はない。反自民の連立政権を成立させる手助けになるような形で報道をまとめていた」と発言した。このことを産経新聞が一〇月一三日に報道し、テレビ朝日は不公平な、偏向した選挙報道をしたのかと大きな問題となり、椿氏が国会に証人喚問される事態となった。

椿発言が問題となった民放連の放送番組調査会では、「政治とテレビ」をテーマとして取り上げ、政権交代という事態が出現した衆議院議員総選挙でテレビが演じた役割とともに、今後の政治報道のあり方について検討を行った。

衆議院に提出された放送番組調査会の議事録(7)によると、椿局長は、報告の中で、「「今度の選挙は、やっぱし梶山幹事長が率いる自民党を敗北させないとこれはいけませんな」ということを、ほんとに冗談なしで局内で話し合ったというのがあるんです」、「私どもがすべてのニュースとか選挙放送を通じて、やっぱしその五五年体制というものを今度は絶対突き崩さないとだめなんだという、まなじりを決して今度の選挙報道に当たったことは確かなことなんです」、「私どもの報道は、「小沢一郎氏のけじめをことさらに追及する必要はない。今は自民党政権の存続を絶対に阻止して、なんでもよいから反自民の連立政権を成立させる手助けになるような報道をしようではないか」というような、——指示ではもちろんないんです、——そういうような考え方を報道部の政経のデスクとか編集担当者とも話をしまして、そういう形で私どもの報道(放送?・)はまとめていたわけなんです」、と述べている(「報道(放送?・)」は原文)。

椿局長の発言には、「私どもの番組は決して公平ではなかったんです。むしろ、「公平であることをタブーとして挑戦していかないとだめだ」というふうに私は考えます」のように、放送法の「政治的公平」の要求を否定している(無視すべきものとしている)ように読める部分もある。他方、質疑では、「公正であるということ、そのフェアネスの考え方というのが当然時代とともに動いていると思うんです」というように、「公正さ」についての問題提起もしている。おそらく後者が本意であり、視聴者の知りたい点を掘り下げていって報道すること、時代の変化に応じ時代が求める報道をすることこそ「公正」なのであり、「中立な立場で整合性を求め、発言機会の公平さを重視する……NHKの立場」でなければ公平(正)だといえないわけではない、ということなのであろう。

それにしても、今、議事録を読んでみると、椿局長の発言には、ニュースステーション(平日午後一〇時からの報道番組。久米宏キャスター)、サンデープロジェクト(日曜日午前一〇時からの報道番組。評論家の田原総一朗氏が討論コーナーのホスト)が偏向しているとして自民党や大臣から強い批判、抗議を受けてきた中、選挙報道について自分たちの報道姿勢を貫いた結果、「細川政権は一部では〃久米宏、田原総一朗連立政権〃とも言われている」ように五五年体制の崩壊という結果に寄与できたという自負、高揚感が強く感じられる。椿局長は「五五年体制を突き崩して細川政権を生み出した原動力、主体となった力はテレビである」という確信を語っているが、本格的なネット時代到来以前の当時、テレビが政治、特に選挙の結果について大きな影響力を有していた時代であったことは確かである。それだけに、五五年体制を突き崩すことを狙って選挙報道に取り組んだということの発言は、下野した自民党の側からの強い反発を招いた。

## 椿局長の証人喚問

その結果、椿局長は、一〇月二五日に衆議院の政治改革に関する調査特別委員会に証人喚問された(8)。そこでは、椿局長は、当時、「五五年体制を突き崩すことになるような報道をすべきだ」、「小沢一郎氏のけじめをことさらに追及する必要はない」と考えていたが、局員に対してそのように放送せよと指示、示唆したことはないし、実際、テレビ朝日の選挙報道は公正中立なものであった、といい続けた。椿局長は、自分の思った通りの選挙結果になったため、テレビが頑張ったような錯覚に陥り、放送番組調査会では、内輪の研究会であることの気安さもあって、自分の手柄のようにいう「明らかなフライングな発言」、「極めて不用意で、不注意であって、レールを外れた暴言」、「荒唐無稽な暴言」をしてしまった、と証言した。

しかし、政治改革に関する調査特別委員会では、自民党の町村信孝議員が、一〇年ほど前に椿局長(当時はテレビ朝日報道局ニュースセンター・チーフプロデューサー)が、NHK総合放送文化研究所の『テレビ・ジャーナリズムの世界』に、「自分は、これまで報道したとき、公正であったこと、中立であったことは一度もない。どうしてかというと、公正、中立では本当に物事を伝えることができるとは思えないからだ」という趣旨のことを書いていると追及していた。どうやら椿局長は、政治的に公平な報道、不偏不党で中立的な報道の要求はジャーナリズムに反するという持論をもっていたようであり、放送番組調査会での発言は、そうした持論が、五五年体制崩壊の高揚感の中で、身内の研究会という気安さもあって、粗野な形で現れたものではないかと思われる。だが、政治改革に関する調査特別委員会では、椿局長は、「政治的な公平は不偏不党、機械的な平等取扱いと同じではない」などと反論することはなく、テレビ朝日の選挙報道は、自分の内心とは異なり、(氏の忌み嫌っているはずの)不偏不党で中立な報道であったと主張し、おそらくは社の方針に従って、批判をやり過ごそうとしたのであった。しかし、椿発言事件は、放送に対する国家的な介入の強化という結果をもたらした。

## 椿発言のもたらしたもの

先におそらく社の方針に従ってと推測(邪推?)したのは、当時、テレビ朝日の放送免許の更新の時期であったからである。郵政大臣は、テレビ朝日に対して、椿局長の発言に関連した「事実関係が明らかになった時点で、改めて関係法令に基づき必要な措置をとる」という条件付きの再免許を行った。これは、放送法の番組編集準則には法的な拘束力があり、その違反があった場合には放送免許の更新がされないことがありうるということが前提となっているのであり、放送事業者、放送の自由に対して深刻な意味をもつものである。その後、テレビ朝日は特別調査委員会を設置し、翌年(一九九四年)に、椿局長によって特定の政治的意図による指示または示唆はなされておらず、放送内容を検証した結果、総選挙中、公平性に配慮しており、偏向や不公平はなかった、という内容の調査結果を公表した。この調査結果を受けて、郵政大臣は、テレビ朝日に対して、「放送法三条の二第一項「番組編集準則」の規定に違反する事実は認められないとの結論を得たので、法律に基づく措置はとらないが、役職員の人事管理などを含む経営管理面で問題があった」として厳重注意を行った。そして、人事管理のあり方の抜本的見直し、役職員の教育・訓練の充実、番組制作を委託する場合の協力会社に対する放送法・放送番組基準の徹底などを社をあげて努力することを強く要請するとともに、取組み状況を当分の間、年度当初に報告することを求める行政指導を行った。こうして、郵政省が放送事業者に対して、番組編集準則違反があるかどうかの調査を求め、その調査結果を踏まえて厳重注意と(放送事業者の人事のあり方についてまで)行政指導を行うという先例ができてしまったのである。

さらに、椿発言についての報道がなされた後の記者会見で、郵政省の江川晃正放送行政局長は、放送法の番組編集準則の違反があった場合に、電波法により停波命令の対象となりうると発言した。また、江川局長は、国会で、「放送が政治的に公正であったかどうかは、放送番組の編集についての放送事業者の自主性を尊重する立場から、まず放送事業者に公正さについて説明してもらうが、最終的には郵政省が判断する」旨、答弁した（一九九三年一〇月二七日衆議院逓信委員会）。このように郵政省は、番組編集準則の運用については完全に放送事業者の自主的な判断にまかされるべきものという立場を変更し、番組編集準則に法的拘束力が認められることを前提に、最終的には郵政省がその違反の有無を認定し、違反には法的制裁が科されうる、という立場を明確に打ち出したのであった。このことは、その後の放送を萎縮させるボディブローのような効果を与えることになった。

## 6　政府による放送の監督

### 自民党による公平報道要求

テレビ朝日椿発言事件の後、郵政省は、放送番組が番組編集準則との関係で問題があったことを理由とする行政指導を従来より頻繁に行うようになった。行政指導の多くは、番組編集準則の内、「報道は事実をまげないですること」という部分に違反しているとしてなされているものである。しかし、二〇〇四年には、前年の総選挙期間中に民主党代表らが出演したニューステーションの番組において同党のマニフェストの内容と総選挙に勝利した場合の主要閣僚名を三〇分にわたり放送したテレビ朝日と、自民党山形県連が制作した広報番組を放送した山形テレビに対して、それぞれ「「政治的に公平であること」との関係において、放送番組の適正な編集を図る上で遺漏があった」、「「政治的に公平であること」との関係において、放送番組の編集上求められる注意義務を怠った重大な過失があった」として厳重注意をしている。

さらに、二〇一二年に第二次安倍内閣が発足し自民党が政権に復帰して以降、自民党は放送局に対して「政治的に公平であること」を強く求めるようになった。二〇一四年の衆議院議員総選挙にあたっては、同年一一月に自民党は、萩生田光一筆頭副幹事長と福井照報道局長の連名で在京のテレビキー局に対して、投票日までの報道において「公平中立、公正な報道姿勢にご留意いただきたくお願い申し上げます」という文書を渡した。この文書では、街角インタビュー、資料映像等で一方的な意見に偏る、あるいは特定の政治的立場が強調されることのないよう、公正中立、公平を期することを求めるなど、どの番組においても形式的・機械的に「中立性」が保たれることを要望していた。この要望の背景には、その数日前にTBSの報道番組であるNEWS23に出演した安倍首相が、街角インタビューでアベノミクスに批判的な発言が続いたことに対して、「選んでいるのではないか」、「おかしいじゃないですか」と不快感を示したことがあると推測される。また、自民党は、同時期に、福井報道局長名で、テレビ朝日に対して、報道ステーションにおけるアベノミクスの取り上げ方が偏っていると抗議し、「意見が対立している問題については、できるだけ多くの角度から論点を明らかにすべき」という番組編集準則の趣旨に従った報道を行うよう求めた。

さらに、二〇一五年四月には、自民党は、情報通信戦略調査会で、テレビ朝日とNHKの経営幹部に対して、それぞれ、報道ステーションでのコメンテーターの発言、クローズアップ現代の〝出家詐欺〟報道(後述)について事情聴取をした。

こうした自民党による公平報道要求の結果、選挙についてのテレビの報道は形式的・機械的な平等性に重きが置かれるようになり、かつてのような論争提起的な面白いものではなくなってきてしまい、選挙報道の時間も減っているようである。自民党の要求が放送局に対して相当な影響を与えたのは、もちろん自民党が政権与党であり、政権与党の議員が大臣を務める総務省が放送事業者に対する規制権限を有しているとされているからである。

### 高市総務大臣の停波発言

こうした放送事業者に対する萎縮的な効果は、二〇一五年から一六年にかけての高市早苗総務大臣の一連の発言、それを受けての政府統一見解によってさらに強められることになった。

二〇一五年五月一二日、参議院総務委員会において、高市総務大臣は、自民党の藤川政人議員の質問を受けて、放送が政治的に公平であるかどうかは原則として放送事業者の番組全体で判断されるが、極端な場合には一つの番組であっても政治的に公平でないと判断されると答弁した。すなわち、「放送法第四条第一項第二号の政治的に公平であることに関する政府のこれまでの解釈の補充的な説明として」、①「一つの番組のみでも選挙期間中又はそれに近接する期間において、殊更に特定の候補者や候補予定者のみを相当の時間にわたり取り上げる特別番組を放送した場合のように、選挙の公平性に明らかに支障を及ぼすと認められる場合」や、②「一つの番組のみでも、国論を二分するような政治課題について、放送事業者が一方の政治的見解を取り上げず、殊更に他の政治的見解のみを取り上げてそれを支持する内容を相当の時間にわたり繰り返す番組を放送した場合のように、当該放送事業者の番組編集が不偏不党の立場から明らかに逸脱していると認められる場合」といった極端な場合においては政治的に公平であることを確保しているとは認められない、と述べた。

さらに、高市総務大臣は、翌二〇一六年には、衆議院の予算委員会で、放送事業者による番組編集準則違反が極端なものである場合には、電波法に基づき電波の使用の停止を命ずることがありうるといういわゆる「停波発言」を繰り返し、物議をかもした(衆議院予算委員会二〇一六年二月八日・九日)。確かに、高市大臣は、「このような命令については、法律の規定に違反した放送が行われたことが明らかであるということに加えまして、その放送が公益を害し、放送法の目的にも反し、これを将来に向けて阻止することが必要であり、かつ同一の事業者が同様の事態を繰り返し、かつ事態発生の原因から再発防止のための措置が十分でなく、放送事業者の自主規制に期待するのでは法律を遵守した放送が確保されないと認められるといった、極めて限定的な状況のみに行うということとするなど、極めて慎重な配慮のもと運用すべき」と述べてはいる。しかし、一つの番組でも明らかに政治的に不公平であると認定される場合があり、行政指導を受けてもそれが改まらなければ、停波命令もありうるというのであれば、放送事業者は、個々の番組が著しく不公平との指摘を受けないようこれまでよりも慎重に番組を編集していかざるをえないであろう。

そして、総務省は、高市大臣の停波発言の直後の二〇一六年二月一二日に「政治的公平の解釈について(政府統一見解)」を出して、高市大臣の答弁は政府の解釈を変更するものではないとした。すなわち、「「政治的に公平であること」の解釈は、従来から、「政治的問題を取り扱う放送番組の編集に当たっては、不偏不党の立場から特定の政治的見解に偏ることなく、番組全体としてのバランスのとれたものであること」としており、その適合性の判断に当たっては、一つの番組ではなく、放送事業者の「番組全体を見て判断する」としてきたものである」が、「この従来からの解釈については、何ら変更はない」という。そして、高市大臣は、二つの例を挙げ、一つの番組のみでも極端な場合には、「一般論として「政治的に公平であること」を確保しているとは認められないとの考え方を示し」たが、これは、「「番組全体を見て判断する」というこれまでの解釈を補充的に説明し、より明確にしたもの」であるとした。一つの番組でも政治的に公平でないと判断するということは、政治的に公平かどうか番組全体で判断するということと矛盾するように思える。それをこの政府統一見解は、「「番組全体」を見て判断するとしても、「番組全体」は「一つ一つの番組の集合体」であり、一つ一つの番組を見て、全体を判断することは当然のことである」から、右の両者は矛盾しないと説明している。

しかし、これはまさに強弁である。確かに、番組全体を見て判断するためには、一つ一つ番組を見なければならない。しかし、番組全体を見て判断するというのであれば、一つの番組が極端に偏向しているとしても、それによって当該放送局の他の番組も含めた番組全体として政治的に偏向した放送がなされたことになるかが問題になるはずだからである。

当時、こうした高市総務大臣の発言と政府統一見解は、放送内容への政府の介入を強めようとするものであり、放送局に対して強い萎縮的効果を与えるものであると批判された。また、実際、それ以降、放送局が政府に忖度して放送する傾向は強まっている。

**高市総務大臣停波発言の経緯**

高市大臣の発言は、当時、保守派の議員としてならしてきた高市大臣のイニシアチブでなされたものと受け止められたが、実は、官邸サイド、礒崎陽輔内閣総理大臣補佐官の総務省に対する執拗といえるほどの強い働きかけの結果もたらされたことが明らかになっている。この経緯は、二〇二三年三月に小西洋之参議院議員(立憲民主党)がその間の経緯が書かれた総務省の文書があるとして参議院で追及したことから明らかになった。結局、総務省はこの文書が本物であると認め、インターネット上で公表している(9)。

この文書によれば、礒崎総理補佐官は、二〇一四年一一月末から総務省に対して、放送の政治的公平について、極端な場合には一番組だけで政治的に公平でないということになるはずであるとして、それを総務省の見解として認めるよう強く迫った。「極端な場合」について、上記の①②の方向を示唆し、それを一般性がある形で表現することを強く求めた。また、語尾についても「政治的公平に反している可能性がある」というのではなく、断定するよう求めている。礒崎補佐官は、文書に「激高」と記されているように相当激しく求めたようであり、中には、「俺の顔をつぶすようなことになれば、ただじゃあ済まないぞ。首が飛ぶぞ」といった恫喝まがいの発言が記載されている文書もある。

総務省が公表した文書によれば、意外なことに、安倍政権のメディア対応にもあたっていた山田真貴子内閣総理大臣秘書官は、「変なヤクザに絡まれたって話ではないか」と批判的であり、高市大臣もそれほど積極的ではなかったが、結局、安倍首相のゴーサインが出て高市大臣の答弁へと至った。礒崎氏は、参議院議員であった時期に、年金問題についての特定の放送番組において野党議員しか出席していないのは番組編集準則に違反するのではないかという質問をしていた。それゆえ、かねてから放送の「公平性」について強い問題意識をもっていた同氏のスタンドプレーと見ることもできようが、もちろん安倍首相の「日本の放送は公平でなければならない」という意向が反映している。また、礒崎補佐官や山田秘書官の発言からは、翌年に「新安保法制」案が国会で審議されること、さらには近い将来、具体的な憲法改正案が議論されることが念頭に置かれていたことも、うかがわれる。ここには首相の意向を忖度して官邸が動き、従来の施策を政治的な思惑から突然変更させていく「官邸政治」の危険性が現れていると思う。

## 進んだ放送の萎縮

これまで見てきたような二〇一四年以降の政府や自民党による放送の「公平性」を求める動きや「不公平放送」批判を受けて、批判の対象となった(と思われる)キャスターやコメンテーター、プロデューサーが担当から外れていった。二〇一五年三月末には、元経済産業省官僚の古賀茂明氏が報道ステーションのコメンテーターを降板し、報道ステーションのチーフプロデューサーが交代した。二〇一六年三月末には、岸井成格氏がＮＥＷＳ23のキャスターを、国谷裕子氏がクローズアップ現代のキャスターを、古舘伊知郎氏が報道ステーションのキャスターを降板した。これらは、定期の異動、番組刷新のためなどと説明されているが、一般には批判を受けての対応であろうと見られている。そして、放送における報道番組で政府やその政策を正面から批判するものは減ってきており、報道番組の平準化・陳腐化が進んで来ているように感じられる。

こうした中で、二〇一六年に来日調査した国連人権理事会の「表現の自由」特別報告者であるデビッド・ケイ氏は、訪日報告書で、「日本におけるメディアの報道内容や論調について、政府の懸念が公の場で表明されることが増加しているのと同時に、メディア関係者の懸念が高まっている」と危惧を表明した。そして、「一般論として、仮にこれまで報道の阻害要因になっていなかったとしても、［何が公平かという］そのような幅広い基準について政府が評価することは、監視機関としての役割を担うメディアの自由を制限することにつながり得ると考える」とし、さらに、前記の高市総務大臣が示した「法的見解はメディアを制限する脅威として合理的に認識され得るものと考える」と、放送法四条をめぐる政府の立場を批判した。(10)

政治社会問題を扱う放送番組の内容が画一化し、政府や与党から批判を受けないようなものばかりになるということは、日本の民主主義にとって大きな問題である。それは、多種多様な情報、意見、物の見方などが世の中に出回っているという、民主主義にとっての不可欠の前提が損なわれるからである。政府に忖度するのではなく、放送局自体が伝えるべき意義があると考える事実、意見を自由に報道することが民主主義社会の維持・発展にとって必要なのである。しかし、それだけではなく、放送内容の画一化・陳腐化は放送というメディアの存続を危うくする面をもっている。確かに、放送事業者は、政府や与党から批判を受けないよう自主規制して報道を続けていれば、総務省や政権与党からの干渉を受けることなく、放送事業を継続できる。しかし、その結果、放送・報道内容の画一化・陳腐化が進めば、視聴者の地上波テレビ離れはますます進むであろう。放送と通信の融合が進む中、テレビ受像機を通じて視ることができる番組において、それが地上波テレビなのか、インターネットによる放送類似の動画配信なのか、YouTubeなのかは、視聴者にとってほとんど関係がなくなってきているといってよいであろう。魅力のないテレビ番組は視聴者の関心を失っていくだけであるから、地上波テレビの番組の画一化・陳腐化は地上波テレビ放送の「オワコン」化を促進することになるであろう。

## 7　放送の公平性の確保とは？

**番組編集準則規定は倫理的な規定**

これまで見てきたように、放送法の番組編集準則規定は倫理的な規定であると解すべきであり、そうでなければ放送に対する表現内容に基づく規制として憲法上許されない。この点は、ＢＰＯの放送倫理検証委員会も、その決定の中で指摘してきたところである。

たとえば、ＢＰＯ放送倫理検証委員会は、「ＮＨＫ総合テレビ『クローズアップ現代』〝出家詐欺〟報道に関する意見」(11)において、番組編集準則は「倫理規範」と解さなければならないことを力説している。この「『クローズアップ現代』〝出家詐欺〟報道」(二〇一四年五月一四日放送)は、宗教法人が多重債務者を出家させて戸籍の元の名前を変えて別人に仕立て上げ、金融機関から多額のローンをだまし取る「出家詐欺」の実態を伝えたものである。この番組の中で出家を斡旋するブローカーと紹介された人物は、匿名化されており誰かは特定できないようになっていたものの、その人物に対する直接取材その他の裏付け取材なしにブローカーであるとして、しかも、当該人物にたどり着く経緯、インタビューの場所について虚偽のナレーションを流して、放送に登場させていたのであった。この事例では、総務大臣は、ＮＨＫがクローズアップ現代の〝出家詐欺〟報道について調査報告書を公表した数時間後に、ＮＨＫに対して文書による厳重注意をした。この厳重注意は、番組編集準則のうち「報道は事実をまげないですること」と、放送法五条一項(「放送事業者は、放送番組の種別及び放送の対象とする者に応じて放送番組の編集の基準を定め、これに従って放送番組の編集をしなければならない」)に違反したとしてなされたものである。

それに対して、放送倫理検証委員会は、放送法の番組編集準則規定と五条は、放送事業者が自らを律するための「倫理規範」であり、総務大臣が個々の放送番組の内容に介入する根拠ではないのであるから、それらに違反したことを理由とする行政指導は許されないと厳しく批判している。「とりわけ、放送事業者自らが、放送内容の誤りを発見して、自主的にその原因を調査し、再発防止策を検討して、問題を是正しようとしているにもかかわらず、その自律的な行動の過程に行政指導という手段により政府が介入することは、放送法が保障する「自律」を侵害する行為そのものとも言えよう」、というのであった。そして、「政府およびその関係者に対し、放送の自由と自律を守りつつ放送番組の適正を図るために、番組内容に関しては国や政治家が干渉するのではなく、放送事業者の自己規律やBPOを通じた自主的な検証に委ねる本来の姿に立ち戻るよう強く求め」ている。

本書の立場からすれば、こうしたBPO放送倫理検証委員会の指摘は全く正当なものである。番組編集準則規定が倫理規定である以上、その違反を理由とする総務省による行政指導は許されないと解されるのである。

こうして放送内容が公平かどうかは、第一次的には、その放送番組審議会での検討を含む放送事業者自身の判断に委ねられるべきであり、その上で、BPOのような放送界が設置した第三者機関での検討に委ねられるべきものである。

## 「政治的に公平であること」とは？

「政治的に公平であること」が放送事業者に対して倫理的な意味で求められるにすぎないとしても、その要求内容をどのようなものと理解すべきなのであろうか。放送事業者は、あらゆる（あるいは主たる）政治的主張、政治的勢力について機械的・数的に平等な取扱いをすることが倫理的に求められるのであろうか。

しばしば、放送に求められる「公平」は、「数量的公平」ではなく、「質的公平」であると指摘されている。つまり、重要と思われる論点について、少数意見をすくい上げ、また反論機会を提供するなどして、できるだけ多様な情報、意見が市民に知られるようにすること、つまり、情報環境における多様性、公共性を促進することこそが「公平」だというのである。

ＢＰＯの放送倫理検証委員会は、「二〇一六年の選挙をめぐるテレビ放送についての意見[12]」において、選挙に関する報道と評論に編集の自由が保障されている以上、選挙に関する報道と評論に求められるのは「量的公平性（形式的公平性）」ではありえず、「質的公平性（実質的公平性）」であると指摘している。すなわち、「選挙に関する報道と評論については、政策の内容、問題点、候補者の資質への疑問など有権者の選択に必要な情報を伝えるために、どの政党に対してであれ、どの候補者についてであれ、取材で知り得た事実を偏りなく報道し、明確な論拠に基づく評論をするという姿勢こそが求められるのであ」り、「国民の判断材料となる重要な事実を知りながら、ある候補者や政党に関しては不利になりそうな事実を報道しない、あるいは政策上の問題点に触れない、逆にある候補者や政党に関してのみ過剰に伝えるなどという姿勢は、公平であるとは言い難い」、という。「放送の結果、政党や候補者の印象が同程度になるとか、番組中での質問がどの政党や候補者に対しても同じであるというようなことは求められていない」のである。これは、選挙報道に関しての意見であるが、同じことは政治的・社会的な事柄すべてに妥当するであろう。

また、BPOの放送倫理検証委員会は、先に紹介したNHKの女性国際戦犯法廷を扱った番組についての意見(注(2)参照)において、次のように述べている。すなわち、BPOの質問に対するNHKの「回答書が示唆するような、中立・公平性とは、特定の意見を機械的に排除したり、場合によっては単純に並立させることによって実現されるものである、という考え方」をBPOは採らない。「本来の中立・公平性は、多様で混沌とした意見や対立する両極の見解を粘り強く聞き、咀嚼し、議論し、みずから考え、判断することによって初めて実現するものではないか」と。この意見がいうように、「これこそが、自主・自律の本義であり、民主主義の根底にあるのも、こうしたダイナミックな原則であろう」。

結局、「政治的に公平であること」の要求は、その放送局が中立ないし不偏不党であることではなく、多様な公的論点の多角的解明を求めるにとどまるものであり、他の見解をも十分に取り上げるのであれば、放送局の見解を強く打ち出すことを禁ずるものではないと解するべきである。つまり、政治的公平の要求はあくまでも公的論点の多角的解明要求にとどまるものであって、結局、放送法四条一項四号の「意見が対立している問題については、できるだけ多くの角度から論点を明らかにすること」と実質的に変わらないものと捉えるべきであろう。

（1）従来、放送事業者は無線局の免許を受けて放送を行うものとされていた。二〇一〇年の放送法改正で、放送事業者と無線局の免許を受ける者との分離（ハード・ソフト分離）が図られたが、これまで地上波放送を行ってきた放送事業者は、「特定地上基幹放送事業者」として例外的に無線局の免許も認められている。

（2）二〇〇九年四月二八日付、放送倫理検証委員会決定第5号（https://www.bpo.gr.jp/wordpress/wp-content/themes/codex/pdf/kensyo/determination/2009/05/dec/0.pdf）。

（3）Red Lion Broadcasting Co., Inc. v. Federal Communications Commission, 395 U.S. 367 (1969).

（4）Federal Communications Commission v. League of Women Voters of California, 468 U.S. 364 (1984). ただし、中間的な厳しさの審査をして憲法違反であるとした。

（5）Federal Communications Commission v. Pacifica Foundation, 438 U.S. 726 (1978).

（6）以下のドイツについての説明は鈴木秀美『放送の自由［増補第2版］』（信山社、二〇一七年）、フランスについての説明は曽我部真裕「表現空間の設計構想（フランス）――思想・意見の多元性原理をめぐって――」駒村圭吾・鈴木秀美編著『表現の自由Ⅰ――状況へ』（尚学社、二〇一一年）二三四頁に大きく依拠している。

（7）朝日新聞一九九三年一〇月二三日「椿・前テレビ朝日報道局長の民放連放送番組調査会での発言〈全文〉」。

（8）「第一二八回国会 衆議院 政治改革に関する調査特別委員会 第八号 平成五年一〇月二五日」(https://kokkai.ndl.go.jp/simple/detailPDF?minId=112804573X00819931025&page=1)。

（9）https://www.soumu.go.jp/main_content/000867910.pdf

（10）外務省の仮訳（https://www.mofa.go.jp/mofaj/files/000318480.pdf）による。

（11）二〇一五年一一月六日付、放送倫理検証委員会決定第二三号（https://www.bpo.gr.jp/wordpress/wp-content/themes/codex/pdf/kensyo/determination/2015/23/dec/0.pdf）。

（12）二〇一七年二月七日付、放送倫理検証委員会決定第二五号（https://www.bpo.gr.jp/wordpress/wp-content/themes/codex/pdf/kensyo/determination/2016/25/dec/0.pdf）。

# 終章

# 「政治的中立性」と民主主義

## 「政治的中立性」の問題性

本書では、これまで「政治的中立性」を維持するためとか、「政治的中立性」を損なうからといって表現活動が制限されたり、表現活動への「援助」が拒否されたりした事例を検討してきた。そして、「政治的」とか「政治的中立」といった概念が非常に広い意味をもちうるため、「政治性」、「政治的中立性」を理由として恣意的な表現の自由の制限がなされていること、なされうることを明らかにしてきた。公務員の側が「政治」への忌避感や、トラブルを回避したいという気持ち、さらには権力者に対する忖度から表現活動を制限したり、表現活動への「援助」を拒否したりし、それを正当化するために表現活動の「政治性」、国・地方公共団体の「政治的中立性」を持ち出している。つまり、「政治性」、「政治的中立性」は、恣意的な表現活動の制限をカモフラージュする役割を果たすのである。そして、「政治的中立性」の維持を理由として表現の自由の制限がなされると、表現者の側も「政治的」とのレッテルを貼られて表現活動を制限されたり、表現活動への「援助」を拒否されたりしないように忖度して、その表現活動を「調整」せざるをえなくなろう。「政治的公平」が求められている放送事業者が、「政治的に不公平だ」という批判を受けないように政治報道を自ら抑制してきていることは、第四章で見た通りである。以下では、このような「政治的中立性」を理由とする表現の自由の制限がもつ意味を考えてみよう。

## 民主主義と表現の自由

スウェーデンのV-Dem Institute の Democracy Report 2023[1] によると、民主主義をとる国・地域の数は最近、減少してきており、二〇二二年の時点で、自由民主主義（完全な民主主義）の国・地域は日本を含む三二となり、世界人口の一三％にすぎず、世界の人口の七二％が権威主義的な国・地域（autocracies）に属している（うち完全な権威主義国家［closed autocracies］の人口は二八％）という。注目されるのは、この報告書が選挙権威主義（electoral autocracy）という類型を用いていることである。このことは、選挙制度があっても、表現の自由等の市民的な自由が保障されていなければ民主主義とは認められないことを意味している。実際、権威主義的な国家では、選挙制度はあるものの、自由で公正な選挙がなされていないし、表現の自由等の市民的な自由が抑圧されている。また、表現の自由等の市民的な自由が抑圧される中での選挙を通じて権威主義体制が形成されることもよくあることである（「独裁は選挙によって作られる」）。民主主義にとって、自由で公正な選挙とともに表現の自由等の市民的自由の保障、そして自由の侵害を救済してくれる独立した裁判所が不可欠なわけである。

しかし、表現の自由を保障しておけば独裁体制にはならないという保証はあるのか、という疑問をもたれる読者もおられるであろう。この点でよく引き合いに出されるのがナチスによるファシズム体制の確立である。第一次世界大戦後に制定された民主的なワイマール憲法によって自由を獲得したドイツ国民が「自由から逃走」して自主的にファシズムを選んだ、といわれることがある。たとえば、二〇一三年に麻生太郎副総理は、「ドイツは、ヒトラーは、民主主義によって、きちんとした議会で多数を握って、ヒトラー出てきたんですよ。ヒトラーはいかにも軍事力で(政権を)とったように思われる。全然違いますよ。ヒトラーは、選挙で選ばれたんだから。ドイツ国民はヒトラーを選んだんですよ。……だから、静かにやろうやと。憲法は、ある日気づいたら、ワイマール憲法が変わって、ナチス憲法に変わっていたんですよ。だれも気づかないで変わった。あの手口学んだらどうかね」、と発言し、この「ナチスの手口」発言は強い批判を浴びた。

しかし、一九三三年にヒトラーが首相に任命された時まで、ナチスがドイツ議会において――突撃隊による暴力を用いた選挙干渉をしたにもかかわらず――過半数の議席を獲得したことはなかった。ヒトラーの首相就任直前の選挙では三三・一%の得票率であった。ヒトラー首相就任直後、ナチスは、ドイツ議会放火事件をでっち上げて「緊急事態」を作り上げ、大統領による国家緊急権を発動させた。大統領緊急令によって表現の自由をはじめとする市民的自由の保障を停止し、左派の政治家・指導者を逮捕した上で選挙を実施したのであるが、それでもナチスの得票率は四三・九％であった。そして、左派の議員が逮捕された状態の議会において、立法権を政府に与える悪名高い授権法を制定してナチス独裁への道を開いたのであった。

このようにナチスの独裁は、表現の自由等の市民的自由を抑圧した下でなされた選挙を通じて確立されたものである。まさに「独裁は選挙によって作られる」典型例といえるのであって、ナチス体制は自由な言論の結果もたらされたものではない。

## 「政治的中立性」の現状維持機能

先のDemocracy Report 2023は、日本を、自由で公正な選挙、市民的自由の保護と法の下の平等、司法府と立法府による行政府の統制という要件を満たす「自由民主主義」(完全な民主主義)の国として挙げている。他方、イギリスの経済誌「エコノミスト」の調査部門であるEIU(Economist Intelligence Unit)が発表した二〇二三年度版の「民主主義指数」(democracy index)では、日本は民主主義指数八・四〇で世界一六位であった。[2] それによると、評価で用いた五つのカテゴリーのうち、選挙プロセスと多元主義、市民的自由の点数は高いが、政治参加の評価が低いとのことである。

こうしてみると、国際的には、日本は表現の自由などの市民的自由が十分に保障されていると、一応評価されているようである。もっとも、第四章6で紹介した国連人権理事会「表現の自由」特別報告者のデビッド・ケイ氏による指摘のように、日本のメディアの状況について危惧が表明されることもある。実際、国境なき記者団(Reporters Without Borders)による報道自由度ランキング二〇二四では、日本の報道の自由度は七〇位であって、G7(主要七か国)で最低である。(3)

総体として日本において、日本国憲法の下、表現の自由が実効的に保障されていることは確かであるが、表現の自由の保障に関してはなお数々の課題がある。実際、本書で見てきたように、「政治的中立性」や「政治的公平」という概念を介して、規制権限を有する者が表現者に忖度をさせるような形で表現活動をコントロールするという、よりソフトな仕方で表現の自由が制限されることが多くなっているのである。

こうした「政治的中立性」概念を通じての忖度によって表現の自由が制限されることの問題は、まず第一に、それが現状肯定、現状の無批判な受容につながるということである。群馬の森事件で、戦前の朝鮮人労働者の動員について政府見解と異なる主張をすることが「政治的」であるとされた(第三章5)ように、政府見解や地方公共団体の見解を伝えることは「政治的」ではなく、それらに異を唱えることが「政治的」であるとされがちなのである。

また、金沢市庁舎前広場事件(第三章4)では、「特定の政策、主義又は意見に賛成し、又は反対する」ことが政治的であると捉えられていたし、また、放送で、議論のある問題について特定の立場から主張を行う場合も、「政治的」に中立でないと捉えられうることも見た（まえがき）。特定の政策や意見の主張、議論の余地のある問題についての主張が「政治的」とされうるのである。そうした主張においては、しばしば問題提起がなされ、常識へ挑戦するような「物議を醸す」表現がなされるが、それによって議員や政党、市民などからクレームを受け、「面倒」が生ずるかもしれない。そこで、国や地方公共団体の職員がトラブルを避けようと「政治的中立性」の維持を理由に表現活動を抑止しようとすれば、問題提起的な、常識へ挑戦する表現がなされる場は大きく縮減され、現状を前提とした表現ばかりが表に出てくることになってしまう。それでは、日本社会が世界や時代の変化に適切に対応していくことはできないであろう。

## インターネット内外の表現の分裂

もちろん、常識に挑戦する表現はインターネット上のＳＮＳやYouTubeではなされうる。そして、ネット上の表現を規制する動きがそれほど進まなければ、ネット上の過激な表現とネット外での穏健な表現という二極化が生じることになろう。その場合、ネット上での常識に挑戦する表現は、ネット外の「表」の世界ではますます「まゆつばもの」と見られるようになり、真剣に取り合ってもらえなくなるだろう。それでもネット時代の今、ネット上の表現が政治や選挙に影響を与えることがあるのは確かである。しかし、ネット上の過激な（すぐれて問題提起的、革新的なものだけでなく、時には虚偽や偏見も含む）表現が、ネット外でも議論の対象となり、検証を受けることなしに、そうした影響を与えることは、日本の民主主義にとって危険なことであるといわなければならない。

## 市民の政治参加の後退

「政治的中立性」概念を通じての忖度によって表現の自由が制限されることの第二の問題点としては、市民を「政治」から遠ざける効果をもつという点が挙げられる。市民が「政治」的とされる表現を行うことを避けるようになるということは、当然、市民が「政治」から遠ざかるということであるからである。

先に、「エコノミスト」ＥＩＵの二〇二三年度版の「民主主義指数」では、日本の政治参加の評価が低いとされていることを紹介したが、確かに、二〇二一年一〇月の衆議院議員総選挙の投票率が五五・九三％、二〇二二年七月の参議院議員通常選挙の投票率が五二・〇五％というように、かつて七〇％以上あった投票率は大きく下がってきている。この背景には、得票と議席数とのアンバランスが大きい小選挙区制の導入、高額な供託金が必要であるため立候補がしにくいこと、公職選挙法によって選挙運動が厳しく制限されていて、通常の政治的な表現活動の延長で選挙運動をすることができないことなど、さまざまなことがあると思われる。しかし、選挙運動の厳しい制限とも関連するが、「政治」や選挙が日常的な表現活動から切り離されたプロの世界の出来事となっていることが重要な要因であることは、確かであろう。「政治的中立性」を理由とした表現の自由の制限の結果、市民が「政治」的な表現から遠ざかれば、ますますこうした傾向は進むであろう。

しかし、政治学者の丸山真男が指摘しているように、民主主義は「非政治的な市民の政治的関心によって、また「政界」以外の領域からの政治的発言と行動によってはじめて支えられる」[4]。普通の市民が気軽に「政治的な」表現活動を行うことが民主主義にとって重要なのである。「政治」は社会のあらゆるところに存在するのであって、市民が普通に社会内の問題について意見を表明すれば、それが「政治的な」表現となることが多い。しかし、今の日本社会では、「政治」は特別な事柄、プロの政治家が扱う問題、あるいはプロの政治家に向けて改まって要求すべき問題であり、市民が日常生活の中で「政治」的な発言をするのは、市民生活上のマナーに違反することになる、といった意識、「政治」を忌避する意識が広くもたれているようである。それゆえ、たとえば、芸能人が「政治的な」意味をもつ発言(たとえば、辺野古埋立反対といった明らかに「政治的な」発言だけでなく、飛行機へのペット同乗を認めないルールの変更の希望も)をすれば、たちまちネット上などでよってたかって叩かれてしまうのではないだろうか。本書で扱った事例の多くは、「政治」を忌避する傾向を強化する役割を果たしているのである。

日本の民主主義を健全に発展させていくためには、「政治」の忌避という傾向を克服することが重要な課題となっている。これは一朝一夕に解決することができる課題ではなく、先に触れたような選挙制度や選挙運動規制について改めていくこと、何よりも市民の側が国や地方公共団体の職員の意向を忖度せず自由に表現活動を行うこと、それが妨害されれば泣き寝入りせず裁判などで戦うことが必要であろう。そして、学校教育において次世代を担う若者に対して適切な政治教育をすることが重要である。そこで、最後に、学校における「主権者教育」について触れておきたい。

### 「主権者教育」の提唱

教育基本法は、「良識ある公民として必要な政治的教養」が教育上尊重されなければならないとしており(一四条一項)、それを受けて、学校教育法も、高等学校の教育目標の一つとして「国家及び社会の形成者として必要な資質を養うこと」(五一条一号)を掲げている。このように、学校において政治教育が適切に行われなければならないとされている。他方、教育基本法は、学校で「特定の政党を支持し、又はこれに反対するための政治教育」をしてはならないとしてもいる(一四条二項)(5)。そして、一九六九年に「高等学校における政治的教養と政治的活動について（昭和四四年一〇月三一日文部省初等中等教育局長通知）」が、教師に対して中立かつ公正な立場で生徒を指導すべきことを強調し、現実の具体的な政治的事象を取り上げる際には慎重な配慮が必要であることを強調したため、学校における政治教育は及び腰になっていた。

しかし、こうした状況に変化（少なくともその可能性）をもたらしたのが、選挙権年齢を一八歳に引き下げた二〇一五年の公職選挙法改正である。文部科学省は、この公職選挙法改正を受けて、学校での「主権者教育」を提起したのであった。文部科学省は、二〇一五年に一九六九年の通知を廃止して、新たに「高等学校等における政治的教養の教育と高等学校等の生徒による政治的活動等について（通知）」（以下、新通知）(6)を発しただけでなく、総務省とともに主権者教育のための副教材として『私たちが拓く日本の未来　有権者として求められる力を身に付けるために』やその活用のための指導資料を公表した。

当時、私は、選挙権年齢引き下げに応じて「主権者教育」が提唱されたことに違和感をもっていた。というのも、もともと高等学校において政治教育、主権者としての素養を身につけるための適切な教育をする必要があったのであり、生徒が高校在学中に選挙権を行使できるようになったため、そうした教育がことさらに必要になったわけではないからである。それでも遅まきながら、学校教育において主権者としての素養を身につけるための教育が位置づけられるようになったことは、評価できるだろう。

ただ、文部科学省が提唱している「主権者教育」については、それが「有権者ノウハウ教育」にとどまっており、政治に関する批判的洞察力を養うという点で不十分であるという批判がある。ここでは、その点とも関わるが、主権者教育における「政治的中立性」の問題についてだけ述べておきたい。

## 主権者教育における「政治的中立性」

新通知は、「指導に当たっては、学校が政治的中立性を確保しつつ、現実の具体的な政治的事象も取り扱い、生徒が有権者として自らの判断で権利を行使することができるよう、より一層具体的かつ実践的な指導を行うこと」として、現実の具体的な政治的事象を政治的中立性を確保しつつ取り扱うことを求めている。そして、「教員は個人的な主義主張を述べることは避け、公正かつ中立な立場で生徒を指導すること」としている。

確かに、学校で「特定の政党を支持し、又はこれに反対するための政治教育」(教育基本法一四条二項)がなされてはならないであろう。また、多くの高校生がなお批判的な能力において十分ではなく、教師が生徒に対して大きな影響力をもちがちである以上、教師としては、生徒の政治的な素養、政治に関する批判的洞察力を養成していくにあたり細心の注意が必要である。

しかし、教師が文部科学省による「政治的中立性の確保」という要請に引きずられすぎると、政府見解を説明することは政治的に中立だとみられやすいので、政府見解の解説にとどまってしまうおそれがある。あるいは、せいぜい論争的なテーマに関する主要な見解を並列的に説明して、「あとは自分たちで考えてごらん」で終わってしまいそうである。それで生徒は批判的洞察力を身につけることができるであろうか。生徒が批判的洞察力を身につけるためには、ある争点について議論をすることが重要であり、教師としては生徒の議論が適切になされるよう援助をすることが必要である。その際、生徒の議論が十分な検討なく「政府見解が妥当だ」という方向にまとまろうとしている時に、政府見解の問題点を指摘して「もう少し考えてみたらどうだろう」と誘導すべきなのだが、「政治的中立性」の確保を過度に意識した教師にそれができるであろうか。

しかし、主権者教育において「政治的中立性」の確保が不必要だといっているのではない。生徒の発達段階を踏まえて適切な主権者教育をしていく教師の判断が認められなければならない、ということなのである。ここでは教師の表現の自由ではなく、教育の専門家としての教師の教育の自由が問題となっているのであって、生徒に自分の政治的な意見を押しつけないという意味での「政治的中立性」をどう確保するかについては、教師の判断に委ねられるべきである。

授業で論争的な「政治的」テーマを取り扱う場合、教師には、政府見解だけでなく、さまざまな見解を積極的に示していくことが求められるが、どの範囲でどのように諸見解を示すかは教師の判断に委ねられる。そして、新通知とは異なり、必要であれば、授業において教師が自己の意見を述べることも許されよう。ただ、教師としては、生徒の発達段階、批判的能力のレベルを見ながら、自己の意見が生徒の批判的洞察力の養成を阻害しないかを十分に配慮すべきである。主権者教育が教師の専門的な判断を育て尊重していく中で適切になされていくことが期待されよう。

(1) https://v-dem.net/documents/29/V-dem_democracyreport2023_lowres.pdf
(2) https://services.eiu.com/democracy-index-conflict-and-polarisation-drive-a-new-low-for-global-democracy/
(3) https://rsf.org/en/index
(4) 丸山真男『日本の思想』(岩波書店、一九六一年)一七二頁(傍点は原文)。
(5) 教育基本法は、二〇〇六年に大きく改正されたが、それ以前も八条一項、二項として、現在の一四条一項、二項と同様の定めが置かれていた。
(6) https://warp.ndl.go.jp/info:ndljp/pid/11373293/www.mext.go.jp/b_menu/hakusho/nc/1363082.htm

# 参考資料

## 【参考文献】

### 「まえがき」関係

加茂利男・大西仁・石田徹・伊藤恭彦『現代政治学[第4版]』(有斐閣、二〇一二年)
宍戸常寿「政治的中立性についての覚書」浦田一郎先生古稀記念『憲法の思想と発展』(信山社、二〇一七年)二四一頁[第二章関係、終章関係]
高畠通敏『政治学への道案内』(講談社、二〇一二年)
田村哲樹・松元雅和・乙部延剛・山崎望『ここから始める政治理論』(有斐閣、二〇一七年)
放送法制研究会編著(金澤薫監修)『放送法逐条解説　新版』(情報通信振興会、二〇二〇年)[第四章関係]
星野智『現代政治学の世界』(晃洋書房、二〇一六年)

### 第一章関係

芦部信喜『現代人権論――違憲判断の基準――』(有斐閣、一九七四年)

芦部信喜『憲法学Ⅲ　人権各論(1)〔増補版〕』(有斐閣、二〇〇〇年)
市川正人『表現の自由の法理』(日本評論社、二〇〇三年)
伊藤正己『言論・出版の自由――その制約と違憲審査の基準――』(岩波書店、一九五九年)
奥平康弘『表現の自由とはなにか』(中央公論社、一九七〇年)
奥平康弘『表現の自由Ⅰ〜Ⅲ』(有斐閣、一九八三・八四年)
奥平康弘『なぜ「表現の自由」か』(東京大学出版会、一九八八年)
奥平康弘『「表現の自由」を求めて　アメリカにおける権利獲得の軌跡』(岩波書店、一九九九年)
阪本昌成『表現権理論』(信山社、二〇一一年)
高橋和之『人権研究1　表現の自由』(有斐閣、二〇二二年)
松井茂記『マス・メディア法入門　第5版』(日本評論社、二〇一三年)〔第四章関係〕
毛利透『表現の自由　その公共性ともろさについて』(岩波書店、二〇〇八年)
T・I・エマースン(小林直樹・横田耕一訳)『表現の自由』(東京大学出版会、一九七二年)
J・S・ミル(塩尻公明・木村健康訳)『自由論』(岩波書店、一九七一年)
ミルトン(石田憲次・上野精一・吉田新吾訳)『言論の自由――アレオパヂティカ――』(岩波書店、一九五三年)

## 第二章関係

芦部信喜『憲法訴訟の現代的展開』(有斐閣、一九八一年)
市川正人『司法審査の理論と現実』(日本評論社、二〇二〇年)三八九頁以下(猿払三基準について)
大久保史郎「公務員の政治的行為の制限の制定過程――国家公務員法一〇二条一項、人事院規則一四―七、一一〇条一項一九号および地方公務員法三六条の「立法事実」をめぐって――」名古屋大学法政論集二一三号(二〇〇六年)一頁
岡口基一『最高裁に告ぐ』(岩波書店、二〇一九年)
「小特集　国公法二事件上告審判決の検討」法律時報八五巻五号(二〇一三年)五四頁
寺西和史『愉快な裁判官』(河出書房新社、二〇〇〇年)
「特集　岡口判事弾劾裁判における憲法上の問題点」判例時報二五〇〇号(二〇二二年)一二六頁
法律時報増刊『新たな監視社会と市民的自由の現在――国公法・社会保険事務所職員事件を考える』(二〇〇六年)
法律時報増刊『国公法事件上告審と最高裁判所』(二〇一一年)

## 第三章関係

市川正人「公共施設における集会の自由に関する一考察――金沢市役所前広場訴訟を素材に――」立命館法学三七三号(二〇一七年)一頁
市川正人「表現活動への国家の「援助」と表現の自由」判例時報二五二八号(二〇二二年)一三〇頁

右崎正博『表現の自由の現代的展開』(日本評論社、二〇二二年)
「特集　あいちトリエンナーレ「表現の不自由展・その後」中止問題を考える」法と民主主義五四三号(二〇一九年)二頁
横大道聡『現代国家における表現の自由——言論市場への国家の積極的関与とその憲法的統制——』(弘文堂、二〇一三年)
横大道聡「表現の自由の現代的論点——〈表現の場〉の〈設定ルール〉について——」法学セミナー七八六号(二〇二〇年)二四頁

## 第四章関係

市川正人『ケースメソッド憲法　第二版』(日本評論社、二〇〇九年)「12　放送の「公平」と放送の自由」
川端和治『放送の自由——その公共性を問う——』(岩波書店、二〇一九年)
小塚かおる『安倍晋三vs.日刊ゲンダイ「強権政治」との10年戦争』(朝日新聞出版、二〇二三年)
渋谷秀樹「放送の自由のために——番組編集準則の規範的性質についての覚書」浦部法穂先生古稀記念『憲法理論とその展開』(信山社、二〇一七年)四三一頁
鈴木秀美『放送の自由[増補第2版]』(信山社、二〇一七年)
鈴木秀美・山田健太編著『放送制度概論　新・放送法を読みとく』(商事法務、二〇一七年)
鈴木秀美「放送と憲法」法学教室五一二号(二〇二三年)一五頁

曽我部真裕「表現空間の設計構想(フランス)──思想・意見の多元性原理をめぐって──」駒村圭吾・鈴木秀美編著『表現の自由I──状況へ』(尚学社、二〇一一年)一三四頁
曽我部真裕「放送番組規律の「日本モデル」の形成と展開」大石眞先生還暦記念『憲法改革の理念と展開 下巻』(信山社、二〇一二年)三七一頁
西土彰一郎『放送の自由の基層』(信山社、二〇一一年)
長谷部恭男『テレビの憲法理論──多メディア・多チャンネル時代の放送法制──』(弘文堂、一九九二年)
浜田純一「放送と法」『岩波講座 現代の法 10 情報と法』(岩波書店、一九九七年)八三頁
山田健太『放送法と権力』(田畑書店、二〇一六年)
山田健太『愚かな風 忖度時代の政権とメディア』(田畑書店、二〇二〇年)

**終章関係**

栗田佳泰「憲法上の公正な政治教育の義務と教育における「中立性」の観念」新潟大学法政理論五六巻二号(二〇二三年)一頁
新藤宗幸『「主権者教育」を問う』(岩波書店、二〇一六年)
成嶋隆「「18歳選挙権」と主権者教育」浦田一郎先生古稀記念『憲法の思想と発展』(信山社、二〇一七年)五五九頁

長谷部恭男・石田勇治『ナチスの「手口」と緊急事態条項』(集英社、二〇一七年)
藤井剛「主権者教育の在り方」憲法研究九号(二〇二一年)一五九頁
丸山真男『日本の思想』(岩波書店、一九六一年)

【参考判例】★は裁判所ウェブサイト(「裁判例情報」https://www.courts.go.jp/app/hanrei_jp/search1)登載のもの

**【最高裁判決】**

一九六〇[昭和三五]年七月二〇日大法廷判決(東京都公安条例事件判決)刑集一四巻九号一二四三頁 ★
一九六九[昭和四四]年一一月二六日大法廷決定(博多駅テレビフィルム提出命令事件決定)刑集二三巻一一号一四九〇頁 ★
一九七四[昭和四九]年一一月六日大法廷判決(猿払事件最高裁判決)刑集二八巻九号三九三頁 ★
一九七五[昭和五〇]年九月一〇日大法廷判決(徳島市公安条例事件判決)刑集二九巻八号四八九頁 ★
一九七八[昭和五三]年一〇月四日大法廷判決(マクリーン事件判決)民集三二巻七号一二二三頁 ★
一九八三[昭和五八]年六月二二日大法廷判決(よど号乗っ取り記事抹消事件判決)民集三七巻五号七九三頁★
一九八四[昭和五九]年一二月一二日大法廷判決(税関検査事件判決)民集三八巻一二号一三〇八頁 ★
一九八六[昭和六一]年六月一一日大法廷判決(北方ジャーナル事件判決)民集四〇巻四号八七二頁 ★
一九八九[平成一]年三月八日大法廷判決(法廷メモ事件判決)民集四三巻二号八九頁 ★
一九九〇[平成二]年七月九日第二小法廷決定(TBSビデオテープ押収事件決定)刑集四四巻五号四二一頁★

一九九二［平成四］年七月一日大法廷判決（成田新法事件判決）民集四六巻五号四三七頁 ★
一九九五［平成七］年三月七日第三小法廷判決（泉佐野市民会館事件判決）民集四九巻三号六八七頁 ★
一九九八［平成一〇］年一二月一日大法廷決定（寺西裁判官戒告事件決定）民集五二巻九号一七六一頁 ★
二〇〇四［平成一六］年一一月二五日第一小法廷判決（NHK生活ほっとモーニング事件判決）民集五八巻八号二三二六頁 ★
二〇〇五［平成一七］年七月一四日第一小法廷判決（船橋市図書館事件判決）民集五九巻六号一五六九頁 ★
二〇〇八［平成二〇］年六月一二日第一小法廷判決（NHK女性国際戦犯法廷事件判決）民集六二巻六号一六五六頁 ★
二〇一二［平成二四］年一二月七日第二小法廷判決（堀越事件最高裁判決）刑集六六巻一二号一三三七頁 ★
二〇一二［平成二四］年一二月七日第二小法廷判決（国公法世田谷事件判決）刑集六六巻一二号一七二二頁 ★
二〇一七［平成二九］年一二月六日大法廷判決（NHK受信料訴訟判決）民集七一巻一〇号一八一七頁 ★
二〇一八［平成三〇］年一〇月一七日大法廷決定（岡口裁判官戒告第一事件決定）民集七二巻五号八九〇頁 ★
二〇二〇［令和二］年八月二六日大法廷決定（岡口裁判官戒告第二事件決定）判時二四七二号一五頁 ★
二〇二三［令和五］年二月二一日第三小法廷判決（金沢市庁舎前広場第二次訴訟最高裁判決）民集七七巻二号二七三頁 ★
二〇二三［令和五］年一一月一七日第二小法廷判決（「宮本から君へ」事件判決） ★

【高裁判決】

東京高裁二〇一〇［平成二二］年三月二九日判決（堀越事件控訴審判決）刑集六六巻一二号一六八七頁

名古屋高裁二〇一二［平成二四］年四月二七日判決（関ケ原町署名簿事件控訴審判決）判時二一七八号二三頁

大阪高裁二〇一五［平成二七］年一二月一六日判決（大阪市職員アンケート第一訴訟控訴審判決）判時二二九九号五四頁★

大阪高裁二〇一六［平成二八］年三月二五日判決（大阪市職員アンケート第二訴訟控訴審判決）★

名古屋高裁金沢支部二〇一七［平成二九］年一月二五日判決（金沢市庁舎前広場第一次訴訟控訴審判決）判時二三三六号四九頁

大阪高裁二〇一七［平成二九］年七月一四日判決（松原中央公園事件控訴審判決）判時二三六三号三六頁

東京高裁二〇一八［平成三〇］年五月一八日判決（「九条俳句」事件控訴審判決）判時二三九五号四七頁★

東京高裁二〇二一［令和三］年八月二六日判決（群馬の森訴訟控訴審判決）判例地方自治四九三号三四頁★

名古屋高裁金沢支部二〇二一［令和三］年九月八日判決（金沢市庁舎前広場第二次訴訟控訴審判決）判時二五一〇号六頁

【地裁判決】

旭川地裁一九六八［昭和四三］年三月二五日判決（猿払事件第一審判決）判時五一四号二〇頁

大阪地裁二〇〇一［平成一三］年一月二三日判決（高槻市パネル展事件判決）判時一七五五号一〇一頁

東京地裁二〇〇六[平成一八]年六月二九日判決(堀越事件第一審判決)刑集六六巻一二号一六二七頁
金沢地裁二〇一六[平成二八]年二月五日判決(金沢市庁舎前広場第一次訴訟第一審判決)判時二三三六号五三頁
大阪地裁堺支部二〇一六[平成二八]年一一月一五日判決(松原中央公園事件第一審判決)判時二三六三号四〇頁
さいたま地裁二〇一七[平成二九]年一〇月一三日判決(「九条俳句」事件第一審判決)判時二三九五号五二頁
前橋地裁二〇一八[平成三〇]年二月一四日判決(群馬の森訴訟第一審判決)判時二三七七号二八頁 ★
金沢地裁二〇二〇[令和二]年九月一八日判決(金沢市庁舎前広場第二次訴訟第一審判決)判時二四六五・二四六六号合併号二五頁
東京地裁二〇二三[令和五]年一月二七日判決(岡口裁判官損害賠償請求訴訟第一審判決)判タ一五一七号一三三頁

**略語表**

民集　最高裁判所民事判例集
刑集　最高裁判所刑事判例集
判時　判例時報
判タ　判例タイムズ

# あとがき

本書では、「政治的中立性」という見地から表現の自由の保障について検討してきた。「政治的中立性」という言葉自体は、一九五四年に、教育の政治的中立性を守るためとして「教育二法」が制定された際に大きく注目され、また、批判の対象となった。教育二法とは、学校教職員の団体が、義務教育諸学校の教員に対し、児童・生徒に特定の政党等を支持させ、または反対させるような教育を行うようそそのかすことを禁止する「義務教育諸学校における教育の政治的中立の確保に関する臨時措置法」と、公立学校の教員について、国家公務員と同じ内容の「政治的行為」を禁止する教育公務員特例法一部改正法のことである。この教育二法は、日教組と保守政権との政治的対立の所産といえるが、これ以降、「政治の季節」であった一九五〇年代後半から一九七〇年代前半までの時期に「政治的中立性」が注目されることはあまりなかった。この時期、「政治的中立性」という概念は、〈国家公務員の政治的行為禁止〉という刑罰を伴うハードな規制を正当化する論理として用いられるくらいであった。

しかし、今世紀に入ると、「政治的中立性」の維持を旗印として表現行為への「援助」を拒否するといったソフトな規制が目立つようになった。本書で紹介した事例の多くは、私が裁判所に意見書を提出するなどして実際に関わったものや、判決についての評釈を法律雑誌に掲載するなどしてきたものであるが、ほとんどが今世紀に入ってからのものである。このように「政治的中立性」という概念が、再び大きな役割を果たすようになったのは、「安倍一強」という特殊な政治環境とその下での「忖度行政」の影響もあるが、より根本的には、最近、日本社会において「政治の忌避」、「政治からの逃走」といった傾向が進んでいることが背景にあると思われる。「政治的中立性」維持を理由とした表現の自由の制限がこうした傾向をさらに助長し、日本の民主主義の健全な発展を阻害するものであることは、終章で見た通りである。

読者の皆さんが、本書が紹介する諸事例を通じて、ソフトな表現の自由の制限、そこにおいてキーワードとなる「政治的中立性」の問題性について考えていただければ、著者としてはたいへんうれしい限りである。

本書では、新書という性格から事例の説明を丁寧にするとともに、専門的な説明はできるだけ簡略化し、平易に説明しようと努めてきた。それゆえ、専門的な議論に関心をもたれた方や、判決がどのように説明しているのか判決文にあたりたいという方は、参考文献や参考判例を挙げたので、そうした文献、判決にあたってさらに理解を深めていただければ幸いである。

さて、本書では、民主主義社会にとっての表現の自由の重要性を説いてきた。それに対しては、今の社会では、インターネット上で虚偽表現やヘイトスピーチが蔓延し、誹謗中傷表現が向けられ自殺する人まで生んでいるのではないか、行き過ぎた表現の自由の行使が大きな弊害を生んでおり、そうした表現の自由の濫用を取り締まることの方が重要ではないか、と考える読者もおられるであろう。もちろん、表現の自由が重要であるとしても、表現の自由を濫用し他人の人権をみだりに侵害することが許されないことは、いうまでもない。私も、何が何でも表現の自由を優先すべきだという「表現の自由至上主義者」ではない。

ただ、適切でないと思われる表現活動については、まずは市民やマス・メディアなどがそれに批判を向け、議論をする中でルール化を図っていくことが重要である。実際、最近では、たとえばＬＧＢＴについてであるとか、女性の容姿について、何が不適切な発言にあたるのかについて自生的なルール化が進んでいるように思われる。

しかし、自生的なルール形成に委ねられないほどの行き過ぎた表現の自由の濫用がなされる場合には、当然、法的な規制もやむをえないであろう。ただ、他者の人権を守るためなどで表現活動を法的に規制するにあたっては、表現の自由の民主主義にとっての重要性、さらには、表現の自由が萎縮的効果を受けやすい人権であることを踏まえて、慎重な検討が必要である。

不適切な表現活動に対して、被害者が公権力による規制、とりわけ処罰を求める気持ちも理解できる。しかし、常に、公権力が被害者に寄り添いつつ、民主主義にとって不可欠な表現の自由を不必要に制限しないよう注意深く規制をしてくれる、というのは幻想である。公権力を担うのは人であり、その人たちの思いや思惑がその権限行使に反映することがあるのは、本書で扱った諸事例を見ればわかるであろう。表現活動を規制する仕組みを構築する場合や、その規制の合憲性を判断する基準を設定する場合には、そうした公権力を担う人たちによる権力の濫用を防ぐことができるような配慮が必要である。

表現の自由については、まさに汗牛充棟といえるほど多数の研究業績があり、本書の執筆においてそうした研究の蓄積から多くを学ばせていただいた。鈴木秀美慶應義塾大学メディア・コミュニケーション研究所教授と曽我部真裕京都大学大学院法学研究科教授には、本書第四章「放送の自由と公平性」の原稿を読んでいただき、特にドイツ、フランスの状況について有益なご指摘をいただいた。岩波書店編集局第二編集部の山下由里子さんには、「政治的中立性」という本書の着眼点を示唆していただき、さらに本書の最初の読者として、よりわかりやすくなるようにと多くの指摘をいただいた。本書の読者の皆さんが本書を挫折せず最後まで読んでいただけたのであれば、それは彼女の功績だと思う。本書がなるにあたってご協力、ご示唆をいただいた皆さんに心より感謝申し上げたい。

二〇二四年四月

市川正人

市川正人

1955年 生まれ
1979年 京都大学法学部卒業
1984年 京都大学大学院法学研究科博士後期課程学修認定退学
京都大学法学部助手，三重大学人文学部助教授を経て，1994年より立命館大学法学部教授
2008年 京都大学博士(法学)
現在—立命館大学大学院法務研究科特任教授
単著—『ケースメソッド憲法［第2版］』
『表現の自由の法理』
『司法審査の理論と現実』(以上，日本評論社)
『基本講義 憲法［第2版］』(新世社)
共著—『基本的人権の事件簿［第7版］』
『現代の裁判［第8版］』(以上，有斐閣)
『現代日本の司法「司法制度改革」以降の人と制度』(日本評論社) ほか多数

表現の自由「政治的中立性」を問う
岩波新書(新赤版)2023

2024年7月19日 第1刷発行

著 者 市川正人《いちかわまさと》

発行者 坂本政謙

発行所 株式会社 岩波書店
〒101-8002 東京都千代田区一ツ橋2-5-5
案内 03-5210-4000 営業部 03-5210-4111
https://www.iwanami.co.jp/

新書編集部 03-5210-4054
https://www.iwanami.co.jp/sin/

印刷・精興社 カバー・半七印刷 製本・中永製本


ISBN 978-4-00-432023-4 Printed in Japan

# 岩波新書新赤版一〇〇〇点に際して

ひとつの時代が終わったと言われて久しい。だが、その先にいかなる時代を展望するのか、私たちはその輪郭すら描きえていない。二〇世紀から持ち越した課題の多くは、未だ解決の緒を見つけることのできないままであり、二一世紀が新たに招きよせた問題も少なくない。グローバル資本主義の浸透、憎悪の連鎖、暴力の応酬――世界は混沌として深い不安の只中にある。

現代社会においては変化が常態となり、速さと新しさに絶対的な価値が与えられた。消費社会の深化と情報技術の革命は、種々の境界を無くし、人々の生活やコミュニケーションの様式を根底から変容させてきた。ライフスタイルは多様化し、一面では個人の生き方をそれぞれが選びとる時代が始まっている。同時に、新たな格差が生まれ、様々な次元での亀裂や分断が深まっている。社会や歴史に対する意識が揺らぎ、普遍的な理念に対する根本的な懐疑や、現実を変えることへの無力感がひそかに根を張りつつある。そして生きることに誰もが困難を覚える時代が到来している。

しかし、日常生活のそれぞれの場で、自由と民主主義を獲得し実践することを通じて、私たち自身がそうした閉塞を乗り超え、希望の時代の幕開けを告げてゆくことは不可能ではあるまい。そのために、いま求められていること――それは、個と個の間で開かれた対話を積み重ねながら、人間らしく生きることの条件について一人ひとりが粘り強く思考することではないか。その営みの糧となるものが、教養に外ならないと私たちは考える。歴史とは何か、よく生きるとはいかなることか、世界そして人間はどこへ向かうべきなのか――こうした根源的な問いとの格闘が、文化と知の厚みを作り出し、個人と社会を支える基盤としての教養となった。まさにそのような教養への道案内こそ、岩波新書が創刊以来、追求してきたことである。

岩波新書は、日中戦争下の一九三八年一一月に赤版として創刊された。創刊の辞は、道義の精神に則らない日本の行動を憂慮し、批判的精神と良心的行動の欠如を戒めつつ、現代人の現代的教養を刊行の目的とする、と謳っている。以後、青版、黄版、新赤版と装いを改めながら、合計二五〇〇点余りを世に問うてきた。そして、いままた新赤版が一〇〇〇点を迎えたのを機に、人間の理性と良心への信頼を再確認し、それに裏打ちされた文化を培っていく決意を込めて、新しい装丁のもとに再出発したいと思う。一冊一冊から吹き出す新風が一人でも多くの読者の許に届くこと、そして希望ある時代への想像力を豊かにかき立てることを切に願う。

（二〇〇六年四月）

## 法律

- 医療と介護の法律入門　児玉安司
- 敵対的買収とアクティビスト　太田洋
- 会社法入門〔第三版〕　神田秀樹
- 法の近代　権力と暴力をわかつもの　嘉戸一将
- 少年法入門　廣瀬健二
- 倒産法入門　伊藤眞
- 国際人権入門　申惠丰
- AIの時代と法　小塚荘一郎
- 労働法入門〔新版〕　水町勇一郎
- アメリカ人のみた日本の死刑　デイビッド・T・ジョンソン　笹倉香奈訳
- 虚偽自白を読み解く　浜田寿美男
- 親権と子ども　榊原富士子　池田清貴
- 裁判の非情と人情　原田國男
- 独占禁止法〔新版〕　村上政博
- 密着　最高裁のしごと　川名壮志

- 「法の支配」とは何か　行政法入門　大浜啓吉
- 憲法への招待〔新版〕　渋谷秀樹
- 比較のなかの改憲論　辻村みよ子
- 大災害と法　津久井進
- 変革期の地方自治法　兼子仁
- 原発訴訟◆　海渡雄一
- 民法改正を考える◆　大村敦志
- 人が人を裁くということ　小坂井敏晶
- 知的財産法入門　小泉直樹
- 消費者の権利〔新版〕　正田彬
- 名誉毀損　山田隆司
- 刑法入門　山口厚
- 家族と法　二宮周平
- 憲法とは何か　長谷部恭男
- 良心の自由と子どもたち　西原博史
- 著作権の考え方　岡本薫
- 法とは何か〔新版〕　渡辺洋三
- 戦争犯罪とは何か　藤田久一
- 日本の憲法〔第三版〕　長谷川正安

- 憲法と天皇制　横田耕一
- 自由と国家　樋口陽一
- 憲法第九条　小林直樹
- 日本人の法意識　川島武宜
- 憲法講話◆　宮沢俊義

(2023.7)　◆は品切，電子書籍版あり．(B)